怪奇事物所

你知道嗎？其實我們都很怪

目錄

第二章　你的怪讓我期待

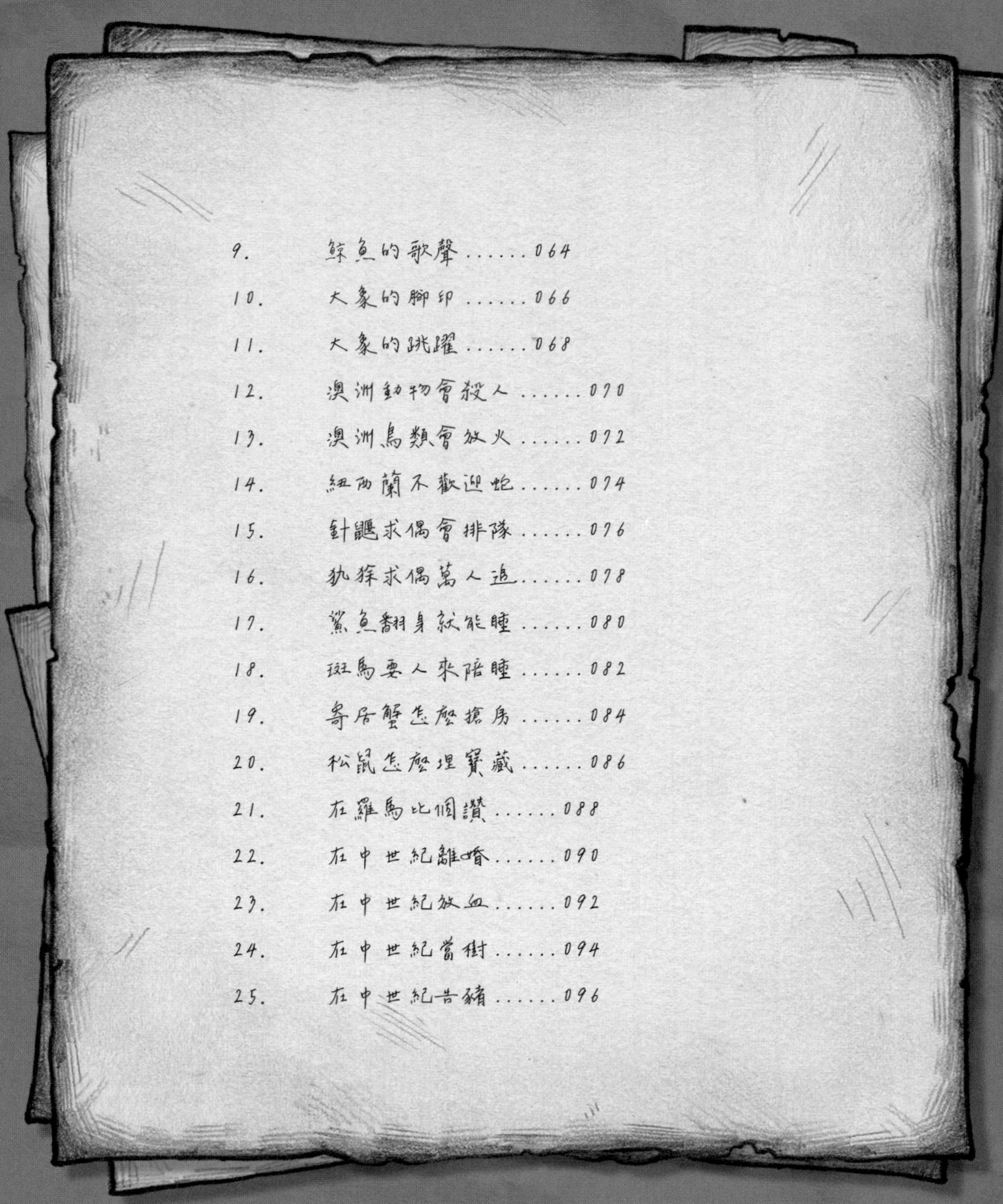

第三章　你的怪讓我意外

第四章　你的怪讓我崇拜

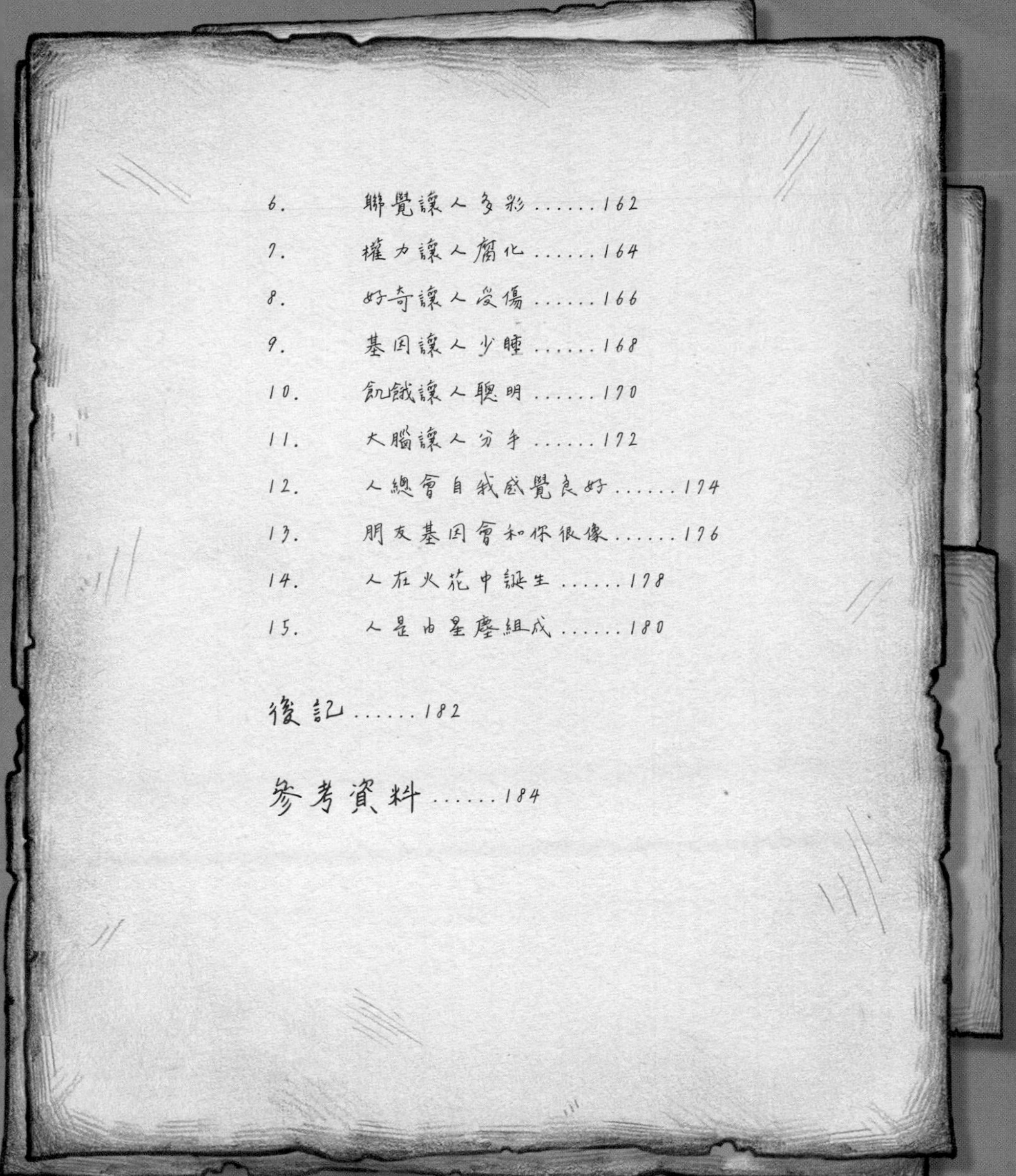

前言

忘記是哪位怪人曾說過：小時候的我們總怕和別人不一樣，但長大後的我們反倒很怕和別人一樣。在不甘於平凡與怪到沒救之間拿捏、在從眾中巧取一絲特立獨行，似乎是每個人成長中都會陷入的掙扎。

但你得承認，有些怪，是我們都很喜歡、也很羨慕的怪。在我眼中，它隻身對抗著平庸的無聊，時時刻刻提醒沉浮於汲營的我們：生活總是能找到一些有意思的事。

你認識鱷魚，但你大概不知道鱷魚在水底下竟然是站著的。你認識北極熊，但你應該不知道牠其實不是白色的。這些有趣的冷知識，看上去怪得讓你意外，但其實不過是因為一直以來，你總是用一種平淡的濾鏡去看牠們。

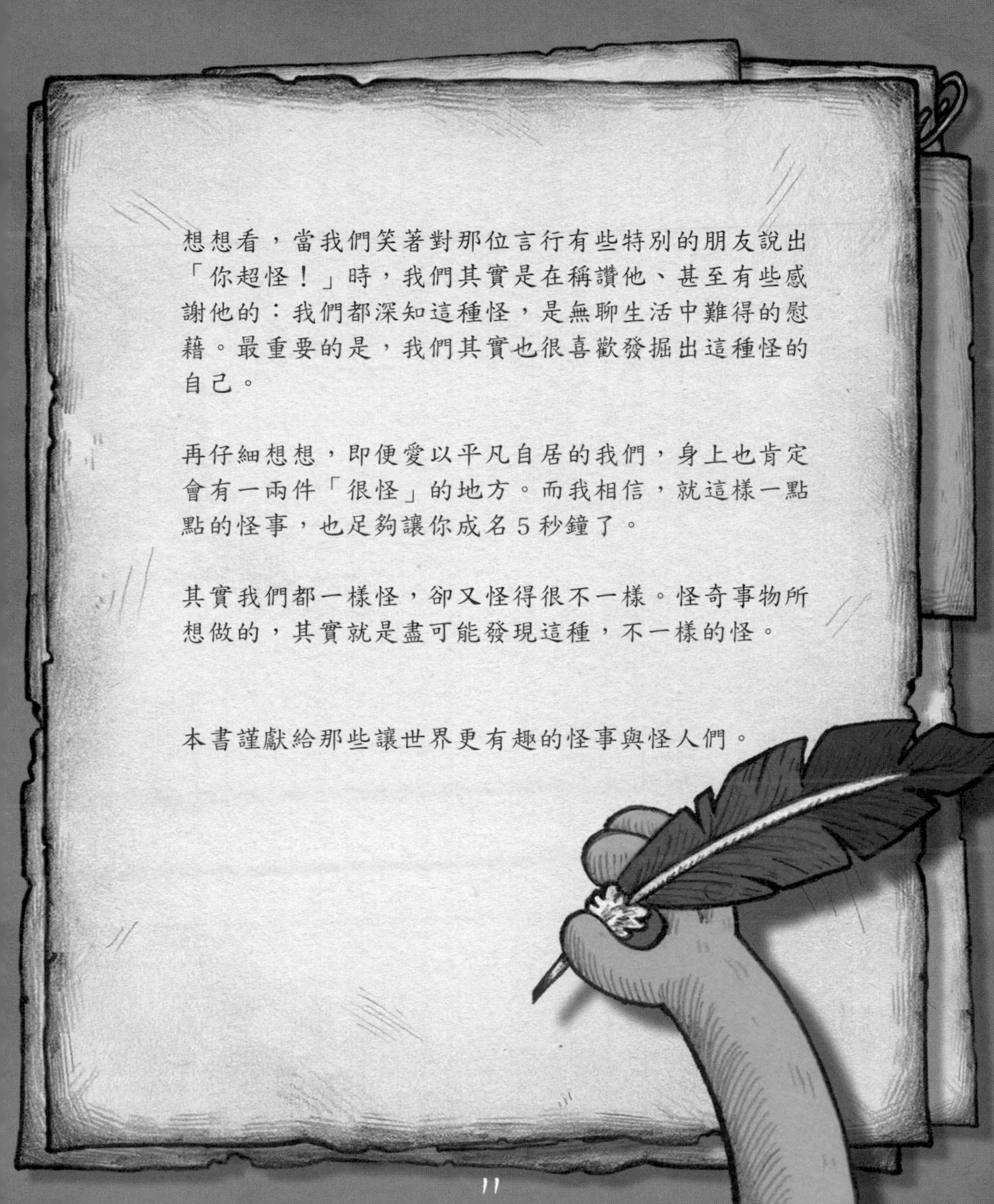

想想看，當我們笑著對那位言行有些特別的朋友說出「你超怪！」時，我們其實是在稱讚他、甚至有些感謝他的：我們都深知這種怪，是無聊生活中難得的慰藉。最重要的是，我們其實也很喜歡發掘出這種怪的自己。

再仔細想想，即便愛以平凡自居的我們，身上也肯定會有一兩件「很怪」的地方。而我相信，就這樣一點點的怪事，也足夠讓你成名 5 秒鐘了。

其實我們都一樣怪，卻又怪得很不一樣。怪奇事物所想做的，其實就是盡可能發現這種，不一樣的怪。

本書謹獻給那些讓世界更有趣的怪事與怪人們。

關於怪奇事物所

成立於 2017 年 7 月，由 Vincent、Jiajia 及 InHaw 三人忠實執行所長的意志。Vincent 時時盯著所長現在人在哪正在做什麼、Jiajia 喜歡用畫筆記錄所長的所見所聞、InHaw 則負責把所長講的話翻譯成人類語言。

關於所長

生日：6 月 29 日，這其實是他掉到地面上的日子
物種：不詳，沒有任何已知物種與其特徵相符
身高：平時是吉祥物的標準大小 60 公分
但視需求可以長到任何尺寸
顏色：平時是友善的藍綠色（RGB 色碼表 #37c494）
但視需求可以轉成任何顏色
口頭禪：「你知道嗎？」
喜歡的事物：貓與香菜
討厭的事物：被誤會成兩棲類或爬蟲類
擅長的事物：萬事皆可聊
不擅長的事物：人類的大腦
近期目標：即便人們都說不可能，但還是努力想
讓每一個人都喜歡自己

其他補充

會因為講話時無意間押到韻而感到開心
心情很差的時候做事效率反而莫名地好
雖然不是蜥蜴，但是尾巴斷了還是會再長出來

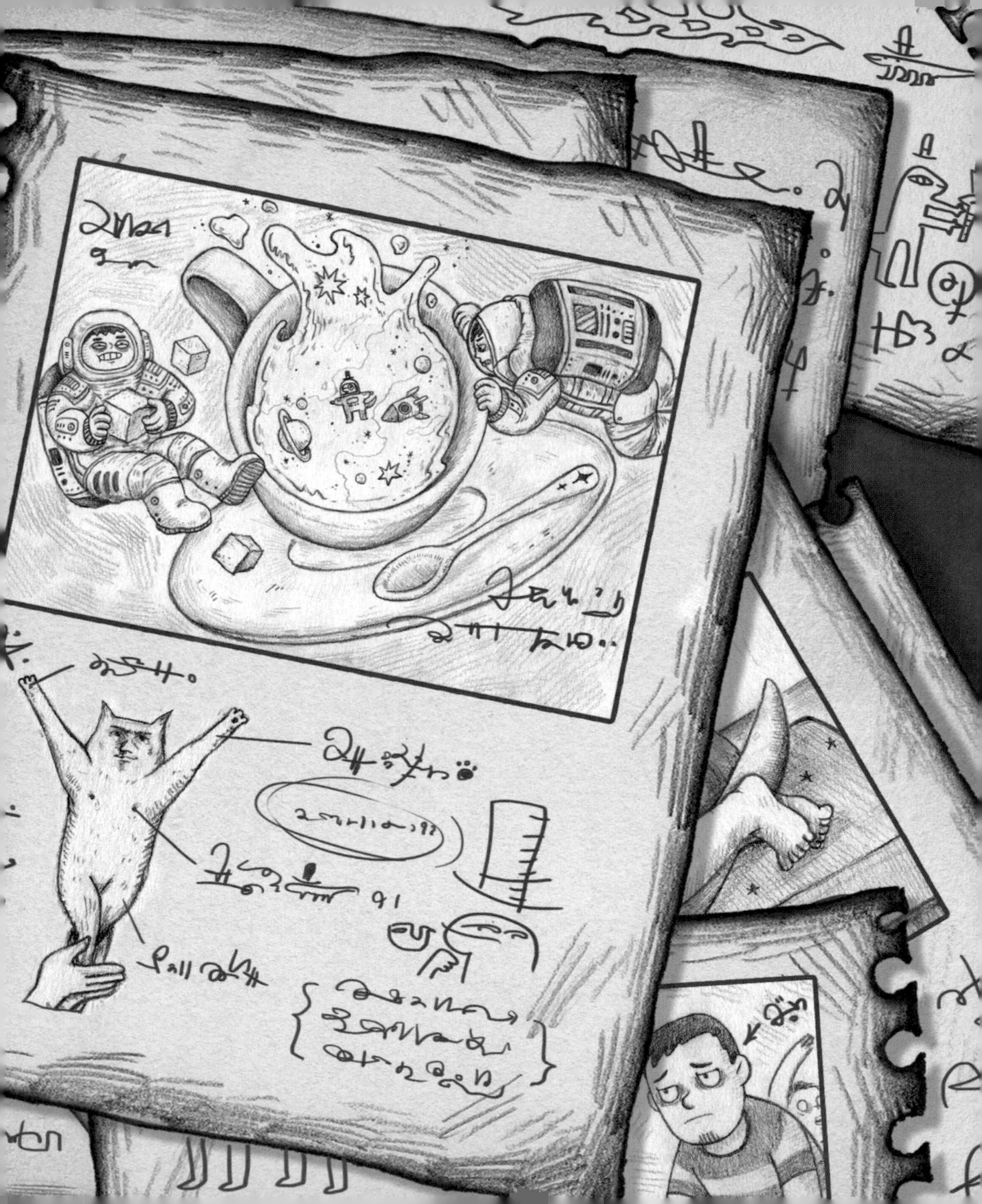

第一章
你的怪讓我無奈
INCREDIVILLE

你知道嗎？

海和天空其實都不是藍色的喔

海水的顏色，其實是陽光在海上折射與反射結果。波長較長的紅橙黃光，很容易被水分子吸收，而波長較短的綠藍靛紫光，則大量被海水反射，大海在你眼中，才因此一面湛藍。

天空的顏色，也是基於類似原理。波長較短的綠藍靛紫光，在撞到空氣微粒（像是塵埃或水滴等）時，會比能直接穿透微粒的紅橙黃光，有更強的散射效果，所以天空在你眼中，才因此一片蔚藍。

有人可能會想問：那紫光跑哪去了？因為人眼對紫光較不敏感，所以是你的大腦把它們給忽略掉，堪稱是最邊緣的一種光。換句話說，天空和大海的藍色，其實都是被選擇過後的印象。

顏色，就像是任何一種偏見：它幫助我們建立直覺、掌握表象，卻也一併卸掉了部分真實——因為人們對世界的認識，常常就僅止於此。

偏見、概念、形式、慣例……，這些語言結構中的結石，會在你深入理解世界的道途上，形成一層又一層的阻礙。但只要你還記得問「為什麼？」你就不會停下腳步。而我想，只要你還維持著前進的步伐，那你也會和我一樣贊同：世界始終都是有趣的。

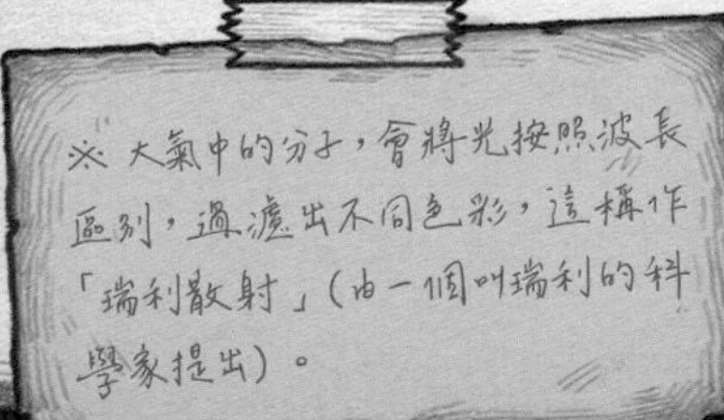

你知道嗎？
中午是看不見彩虹的喔

光在經過空氣中的水滴時，路徑會折射、反射、再折射，在散成七種色彩後，以 42 度的角差，折返回我們的雙眼。

這就是彩虹的由來。

因為你眼裡的彩虹，總會與太陽光維持 42 度角，如果當太陽的位置，高於地平線 42 度以上，彩虹就像是落在地平線之下，你也無法抬頭仰望到它了。

所以在日正當空時，除非是站在山上、或坐上飛機向下俯望，你才有機會見到，那道彷彿不存在的正午彩虹。換句話說，彩虹並沒有消失，只是會隨著太陽的角度變化，而需要不同的觀測位置。

這讓我想起，彩虹很像是一種理想、一種價值、又或一種信念。每到人生不同階段時，它可能會礙於生活，而埋沒在庸碌之下，但當你撥雲見日地，在暴雨後找到一個新的平衡、新的高度，你一定還是能在天空彼端，找到那一道彩虹。

你知道嗎？

宇宙的顏色就像拿鐵一樣喔

在一項分析星系光譜的研究中，天文學家發現，要是將所有恆星光都平均起來，結果會呈現出一種米白色。因此你可以說，這就是宇宙的顏色！

研究團隊隨後也發起內部投票，要選出這個顏色該叫什麼名字，結果依序是宇宙卡布奇諾、大爆炸淡黃、以及宇宙拿鐵。

雖然宇宙卡布奇諾票數最高，但因為計畫負責人比較偏愛拿鐵——他覺得這和銀河的英文 milky way（直譯為牛奶之路）一樣，會讓人聯想到牛奶，因此最終就無視投票結果，以「宇宙拿鐵」來表示宇宙的顏色了。

所以說可惜這個研究不是所長來主導阿，不然我一定會力排眾議把它叫做——宇宙大冰奶！

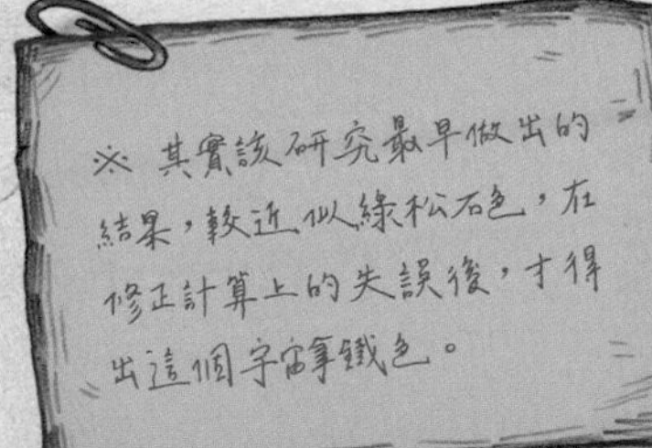

你知道嗎？

其實古希臘雕像大多是有上色的喔

希臘雕像為什麼都是白色的呢？有些藝術史專家可能會這麼說：白色是一種很純粹、很柏拉圖意象的形式。白色喚醒了結構，並且強調了本質。美的本質，不該被色彩遮蔽，所以白即是美。

就美學理論上來說，這種觀點並沒有錯，可事實上目前的研究已非常確定，希臘時期的雕像，原來都是有上色的，而且用色還非常的活潑花俏！至於為什麼它們現在看起來都很白，主要是因為表面的顏料禁不起時間的摧殘，經年累月的沙塵和氧化作用加上人為破壞，導致肉眼已很難認出它們昔日的色彩。

也就是說呢，將希臘雕像的純白，解讀為古人在美學上的偏執，根本就是基於錯誤事實而產生的過度詮釋，和對方只是禮貌性的朝你微笑一下，就覺得人家喜歡你差不多意思。

她要是真的對你笑，也笑你是個白痴！

對不起是我自作多情

你知道嗎？

古埃及有尊神長得像這樣

左圖這位全身罩了張床單、造型看起來像老卡通裡的幽靈、設定感覺相當隨便的角色，可是真實描繪在埃及「死者之書」上的神祇。基於對神明的尊重，我們絕對沒有做出「萌化」這種不敬行為，請相信我，這就是祂的原型。

由於當代對死者之書的理解，依舊參差不齊，關於這尊神祇的身分，我們所知也非常有限：只知道祂被喚作梅傑德（Medjed），意思近似於破壞者、討伐者。除此之外，坊間也有盛傳一些關於梅傑德的細節：

祂和掌管冥界的歐西里斯神有關（難怪造型像幽靈）
好像很喜歡吃亡者的心臟（和這張臉有點不搭）
眼睛能射出某種東西（應該是破壞光線）
好像能噴出火焰（不確定是從哪）
不能被看見（所以可以隨便畫……？）
會飛（……這反而有點普通）

以上就是關於梅傑德的全部了。也因為對祂的正面解讀太少，有人甚至主張，梅傑德並不是一尊神的名字，而是一個代稱——實際上可能是代指另一尊我們已知的柱神。但無論如何，祂在當今網路社群上的擴散熱度，大概已遠超當時埃及人的傳誦程度了吧。

正所謂人不可貌相、看神不可只看表象，梅傑德的故事告訴我們，神秘感果然還是最迷人的一種穿著呢。

你知道嗎？

傳說紐西蘭有種職業叫「扶羊人」喔

傳說在雨天後，綿羊會因為毛吸了太多水而倒地不起，所以紐西蘭就出現了「扶羊人」這種職業，負責在下完雨後巡視牧場，拯救站不來的泡水羊。

在本所實際探查後發現，紐西蘭好像根本沒人聽說過什麼職業扶羊人，但綿羊會因為淋了雨而重到站不起來這點，倒是千真萬確！

綿羊本來就不是很靈活的動物，加上沒按時剪剃的羊毛，常能重達十幾公斤。如果牠們再稍微吃胖一點，或是毛裡卡進太多枯枝雨水，一旦臥倒躺下後，就有可能再也站不起來了。

因此雨天過後去找羊來扶，的確也是牧場的日常工作（通常是一些資淺的菜鳥去做）。而扶羊人與其說是一種職業，毋寧說是一種精神，所長在此也呼籲大家，不必在紐西蘭，我們平時也是能發揮這種精神的——

請關心周遭那些，可能會因為吃得太胖而爬不起來的朋友。

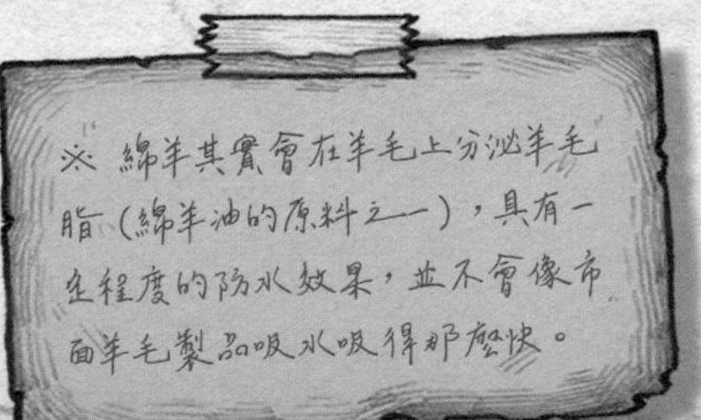

你知道嗎？

摩洛哥人會用「你奪走了我的肝」表達愛意喔

在摩洛哥的伊米勒希勒（Imilchil），有一群說柏柏語的柏柏人（Berbers）。按照他們的傳統禮法，未婚男女是不能隨便搭訕認識的，只有在每年九月的婚禮慶典中，男孩才能公然向心儀的女孩示愛。

如果在婚禮慶典上，女孩接受了男孩的求婚，她們會說出像是「你已經奪走了我的肝」，或是「我的肝因你而憔悴」等誓詞做為回應。

會以肝而不是心來做為真愛的象徵，據說是因為當地人深信，肝和消化功能息息相關，有健康的肝，才能擁有美好的生活。也正是俗話說的：肝若好人生是全彩，肝不好人生是黑白。

這樣獨樹一格的愛情誓詞，雖然文化迥異，但在臺灣卻仍有挪用價值。只要去跟老闆說「你已擁有我的肝」，我想他一定也會更加愛你喔！

你知道嗎？

傳說埃及曾因太愛貓而打輸戰爭喔

古埃及對動物神的信仰非常虔誠，像是著名的貓神芭斯特、胡狼神阿努比斯等等，其信仰之虔誠，甚至擴展到祂們在現世的貓狗子民：如果有人傷害到這些「有神性」的動物，都會被視為是褻瀆神明，而處以死刑。這般愛護動物的程度，在人類歷史上堪稱空前絕後。

因此就有傳說，當波斯與埃及開戰（西元前 523 年帕路修斯之戰）時，波斯將領想出了一個令人髮指的戰術——把貓在內的動物當作人質，使對方不敢出手。他們在盾牌上畫上動物神的圖像、並且將那些被埃及崇拜的動物們，趕在軍隊陣前作為肉盾，迫使不願動手的埃及士兵，最後只好選擇乖乖投降。

雖然埃及最終輸了戰爭，但在後世所有喜愛貓咪熱愛貓咪，沒有貓咪就吃不下飯睡不著覺甚至活不下去的貓咪痴貓咪狂眼中，埃及隊是真正的雖敗猶榮！

※順帶一提，雖然因為所長很愛貓，所以圖和標題都故意只講貓，但事實上埃及人對貓狗一樣崇敬。如果家中有貓過世，他們會剃掉一邊眉毛以示哀悼，如果家中有狗過世，則會兩邊眉毛一起剃掉，從這點看來，他們可能還要更愛狗一點吧。

你知道嗎？

「好奇號」會幫自己唱生日快樂歌喔

距離地球 6000 萬公里遠的火星上，有個造物，正忠實延續著人類文明的意志，那就是由 NASA 研製操控的火星探測車——「好奇號」（Curiosity）。自 2012 年成功於火星著陸後，好奇號持續收集並實驗出大量重要資訊，協助我們揭開火星、乃至全宇宙的奧秘。

到了 2013 年 8 月 5 日，為慶祝好奇號降生火星一周年，NASA 工作人員稍稍改寫了分析儀器的程式碼，讓好奇號通過震動功能來發聲，為自己獨唱一首生日快樂歌。這應該是人類歷史上，最遙遠，又最孤單的一首生日快樂歌了。

然而，在這之後整整五年，科學家始終沒有再以同樣方式替好奇號慶生，面對外界詢問，NASA 科學家最終答覆道：「在火星上唱歌，是不會對科學研究有任何幫助的。」

有那麼一瞬間，我似乎感覺到，地球的夏天，竟比火星的嚴冬還要冷⋯⋯。

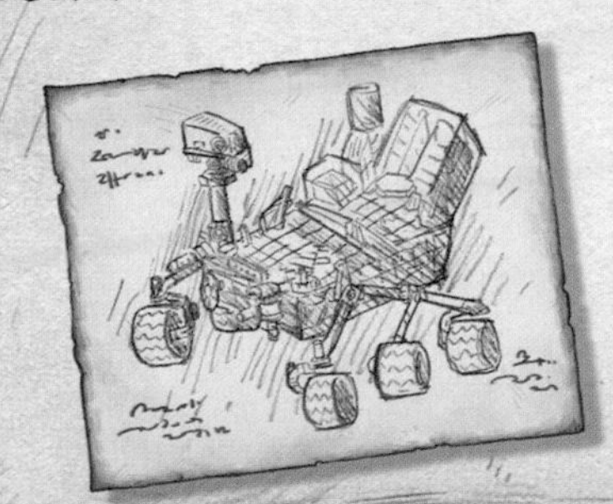

大概有零下 143 度那麼冷

你知道嗎？
tragedy
悲劇的英文原意是「山羊之歌」喔

悲劇（tragedy）這個字最早能追溯到古希臘，其本意是「山羊之歌」（goat-song），至於原因是什麼，目前並沒有肯定答案。

有一說是古雅典戲劇比賽的大獎為一頭羊，另有人主張希臘人在祭祀酒神時，會圍繞作為祭品的山羊唱歌跳舞，而這些歌謠，通常都是哀弔英雄悲壯事蹟的「悲歌」。這些悲歌日後慢慢演變成所謂的「悲劇」，而山羊歌也因此和悲劇有了一層連結。

不過還有不少人認為，只要聽過山羊的「歌聲」，你馬上就能明白為什麼會和悲劇有關了：山羊叫起來，真的就像自帶哭腔一樣，有股讓人為之鼻酸的苦情。

但除了山羊，我們似乎也都有那麼一個朋友，歌聲總讓人聯想到悲劇——難聽到簡直悲劇。

你知道嗎？

muscle
肌肉的英文原意是「小老鼠」喔

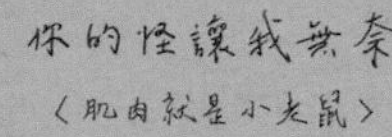

肌肉的英文muscle，其實是源自拉丁文的musculus，意思就是「小老鼠」（little mouse）。至於這個字為何會有這樣的語源，其實也不難想像：肌肉在收放的時候，的確就像是有小老鼠在裡頭竄動。

有趣的是，在香港話中的肱二頭肌，也被叫做「老鼠仔」，但究竟是因為這個英文詞源的關係，還是只是單純巧合，就不得而知了。

以後要是有人拿「要不要來我家看老鼠」，作為台詞向你搭訕，請記得這個冷知識：如果到時候看到的不是真老鼠，要展現得博學一點，不要大驚小怪。

你知道嗎？

跑步機曾是用來懲罰犯人的刑具喔

十九世紀的英國工程師邱比特爵士，發明了一種刑具：犯人得不停踩著踏板，來帶動滾輪轉動，再把製造出的動力拿來抽水或者研磨穀物。在懲罰犯人同時，又能創造一定生產力，這種刑具乍聽之下還真是滿有創意。

這就是現代跑步機最主要的雛型，也解釋了為什麼跑步機（treadmill）的英文，會由腳踏（tread）和磨坊（mill）兩個字組合而成。

不過就像西西佛斯推石頭神話＊所暗示的一樣，重複無意義的勞動，的確是一件相當可怕的事，所以這種刑具後來也被英國政府立法禁止了。

有點哀傷的是，現代人的工作就夠像在坐牢了，結果竟然連休閒娛樂，都是建立在以前的酷刑上，難怪我們這麼常在跑步機上懷疑人生阿。

※ 西西佛斯是希臘神話中的人物，因為太過狡猾觸怒神明，被判要將大石頭推上陡峭的高山。而每當他快要抵達山頂時，大石頭就會滑落到山腳，逼著西西弗斯永無止境地勞動。

+ = 2日
(日 +)² = 1 / (+)
+ 日 = ?
你知道嗎？
school
學校的英文原意是「休閒時間」喔

School（學校）這個單字，最早源自古希臘文的 schole，意思就是「休閒時間」（leisure）。這是因為在古希臘時，學習工作和生活技能之外的知識，基本上就是一種休閒娛樂，只有吃飽太閒、不用工作的人才能去上學。

而在這之後，因為哲學家帶壞了希臘小孩，school 成為人們打打嘴砲討論學問的所在，最終才演變成現在傳授知識的專門場域。

這個語源，彷彿是在從一而終地提醒我們：學習的本質究竟是什麼？

有些知識在習得之後，即能立竿見影地轉換出實際效用；有些卻可能終其一生，都找不到隻字片語的使用機會。這樣的區別，僅僅出自知識的不同側面，而非以能用或不能用，來決定價值的高低。因此，當我們開始問出「學這個能幹嘛？」時，便已不經意透露出，我們對於學習，就只剩下最功利、最無趣的那種期待了。

所以提醒讀者，在閱讀本書時，如果會不時冒出「知道這個能幹嘛？」的疑竇，該檢討的人，絕對不是我。

你知道嗎？

有種語言難到連惡魔也學不會喔

位於西班牙和法國邊境的巴斯克區，人們說著一種超級難懂的巴斯克語，這種語言屬於相當特別的「孤立語言」：它和任何語言都沒有關聯，起源始終成謎。有人甚至認為，巴斯克語的源頭，早在石器時代時就已經存在了。

歐洲更因此傳說，惡魔為了要誘惑巴斯克人，曾經花費七年的時間學習巴斯克語，但延畢了三年、把文學院當醫學院唸的成果，竟然就只學會了「是」和「不是」（這上課都在吃雞腿是不是啊）。

所以巴斯克人就此成為絕不會下地獄的民族，而這巴斯克語講起來，還真是連惡魔都會想哭，搞不好比神父除魔用的拉丁語更加有效。

せ 94 說 R，如狗偶眠現在都 John 縮話
到 10 候 4 ㄅ 4 せ ㄎ 1 ㄅ 用下土也犭言犬惹♥
U 迷有 2 魔看ㄅ懂火☆文ㄉ 8 卦？

せ 94 — 也就是
R — 阿
如狗 — 如果
偶眠 — 我們
John 縮話 — 這樣說話
10 候 — 時候

4 ㄅ 4 せ ㄎ 1 — 是不是也可以
惹♥ — 了（愛心）
土也犭言犬 — 地獄
U 迷有 — 有沒有
火☆文 — 火星文
2 魔 — 惡魔
ㄉ 8 卦 — 的八卦

你知道嗎？
世界各地都有下太陽雨
就是狐狸要結婚的傳說喔

太陽雨並不算什麼很稀奇的天氣現象，但怪奇的是，在世界各地不同文化中，竟然都能找到「太陽雨就是動物要結婚」的傳說。最常見的故事，是下太陽雨表示狐狸要娶親，在日本、尼泊爾、斯里蘭卡和印度某些省份都如此傳說。而在其他地方，故事的角色會稍微有些變化：

在法國，代表狼要結婚；在肯亞，代表猴子要結婚；在韓國，代表母狐狸要嫁給老虎；在蘇丹，代表驢子要和猴子結婚 ；在保加利亞，則代表熊要結婚。

為何世界上這麼多民族，都會覺得太陽雨就是動物要結婚，而且還這麼巧的，幾乎都是聰明的哺乳類動物，學者目前仍然沒有找到合理的解釋，實在是非常怪奇非常謎。

順帶一提，如果是在希臘，人們會說太陽雨是窮人要結婚了，真的是滿沒禮貌的。

※ 除了動物結婚，有些地區還會說太陽雨是動物要過生日了。例如在芬蘭說太陽雨是狐狸生日；在伊朗說狼生日；在英國則說猴子生日。但也有一些地方認為太陽雨與惡魔有關，感覺是很不吉祥的現象，像菲律賓會說太陽雨是惡魔婚禮，而波多黎各則說是女巫婚禮，不曉得窮人結婚是不是也是被歸在這類……

第二章
你的怪讓我期待
INCREDIVILLE

你知道嗎？
所有3公斤以上的哺乳動物，
尿尿時間都是21秒喔

任何體重超過3公斤的哺乳動物，尿尿時間幾乎沒有例外都是21秒，這就是著名的「21秒法則」。所以不管大象河馬還是貓，尿尿時間和人類一樣都是21秒，如果不信，等等快去廁所對碼表。

這主要是因為尿道具有增強流量的作用：當動物長得愈大，尿道也就愈長，愈長的尿道會讓尿液有更多時間可以加速，所以體型愈大的動物，並不會尿得愈久。

有人認為這同時揭示了大自然的殘酷邏輯：上廁所時產生的破綻太多，很容易暴露在被捕食的風險中，不快點尿尿就會被吃掉。

廁所上太久竟然會讓動物顯得競爭力低落，這時再回頭看看那些，忙到連上廁所時間都沒有的現代人，就會發現人類果然還是充滿競爭力的動物呢。

※ 21秒法則背後的物理基礎，其實是「液壓與高低差（重力）會成正比」，所以說大型動物尿尿，主要就是以重力作為排出的壓力。如果你有興趣，可以試看看躺著尿或者是倒立尿，理論上應該會很難尿，因為這樣尿就是不依賴重力，只看你膀胱有沒有力了。

你知道嗎？
有些小動物看世界會是慢動作喔

研究發現，包括花栗鼠、蒼蠅及鴿子在內，有些小動物感知的時間，會比其他生物還慢。

這是因為牠們體積小、新陳代謝快，眼睛向大腦傳遞訊息的速度也快，因此能更迅速地處理視覺訊息，也能更詳細地捕捉到動態變化。

所以牠們眼裡的世界，比人類看到的要更慢，對牠們來說，我們的動作就像是慢動作一樣（這也是蒼蠅會這麼難打的原因之一）。

有些專家甚至認為，既然新陳代謝會關係到視覺訊息的處理速度，那麼人們總覺得小時候時間過好慢，長大後卻又發現時間變得飛快，或許就是受到這個生理因素影響。

這個不可思議的現象，又被我叫做「柯南悖論」或者「大雄效應」——前者唸了 20 年小一，後者唸了 50 年小五。

你知道嗎？

貓咪靠呼嚕聲就能奴役人類喔

關於人類十大未解謎團之「貓為何這麼跩」，在最近浮出一個挺有意思的新發現：貓光靠叫聲，就能把人類轉化為奴隸。研究指出，貓的呼嚕聲可分成兩種頻率，頻率較低的，在其他貓科動物上也能聽到；頻率較高的，就是家貓的專屬技能了。

實驗進一步發現，在只聽到低頻的叫聲時，人們大多毫無反應，但當混入了高頻叫聲時，許多人就會開始覺得：「我被需要了」。這個概念非常類似嬰兒的啼哭，它能融化聽者的心，喚起人的呵護本能。

而當一般家貓想叫你服務牠時，就會把這兩種頻率進行排列組合，編織出最能打動凡心的呼嚕呢語，讓你發自內心地想要為牠犧牲奉獻。既沒生產力又不懂心懷感激的貓咪，也因此成為最大贏家。

可見啊，除了將自己的肉身化作毒品，貓叫聲這種和宗教一樣強大的精神控制力，一樣是貓咪統治世界的邪惡手段，不可不防。

本所最後要在此嚴正呼籲：

吸貓一口，墜入虎口；聽貓一聲，誤你一生。

#吸貓一時戒貓一世
#珍惜生命請拒絕貓咪誘惑

你知道嗎？

你家狗狗根本不是真心在認錯喔

有一份關於狗狗的行為研究是這樣：狗主人會先命令他們的狗狗，不能把桌上的食物吃掉，等到主人離開後，有些狗狗的食物會被收走，有些則由研究人員直接餵給狗狗。當主人回來時，他們會接著對狗狗發怒，結果發現，不論是不是真的有把食物吃掉，所有狗狗都會回以一副可憐兮兮的認錯模樣。

專家指出，狗狗會表現得像是在懺悔，大多是基於認同主人的地位，而對他勃發的怒火表示服從，並不是知道闖了禍而真心在認錯。

這個解釋其實也順便提醒狗主人們，不要總把人類的行為模式投射在動物身上，認為理解並改進錯誤有這麼理所當然：狗狗會有這種表現當然是因為怕你生氣，但很多時候，牠並不知道你為什麼要生氣。

所以請記住，過度的責罰無助於讓狗狗反省，反而容易讓牠們感到困惑：「為什麼你沒事要對我這麼兇？」想維持良好人狗關係，需要你拋開人類情緒。

或者我建議你們可以學學養貓的人，他們老早就放棄了。

寧信世上有鬼
也別信貓咪欸拍謝

你知道嗎？
古人曾用貓眼當作時鐘喔

身為夜行性動物，貓眼需要捕捉到微弱的光源，才能夠獲得良好的夜視能力。也因此，牠們的瞳孔縮放程度，會比其他動物強上許多，這樣在夜晚時才能看得清楚；在強光下也才能保護眼睛。

正因為貓咪瞳孔的變化是如此明顯，在中國及日本，都曾有將貓眼用作計時功能的紀錄。例如古人就寫過這樣的貓眼使用指南：「早晨如核棗、中午成一線、晚上似滿月」，以略窄、極細及渾圓的瞳孔，來辨別早中晚三個時段。此外在日本戰國時代，也謠傳有大將在戰場上隨身攜帶七隻貓，只為了能夠準確辨別時間（但我想這動機不太單純）。

值得注意的是，貓眼還會隨個別的生心理狀態，呈現出不同變化：例如興奮時瞳孔就會放大，因此以貓眼判斷時間，當然存在很大的誤差。不過我覺得阿，貓眼時鐘最大的問題，恐怕還是電力續航時間太短——

貓每天都要睡 16 個小時，牠們的眼睛根本就很少打開啊……。

你知道嗎？

吸塵器對貓狗來說，就像怪物一樣恐怖

貓狗能聽見的聲音頻率，遠比人類還要高出許多。人耳的上限大約是 20000 赫茲；狗狗卻有 45000 赫茲，貓咪甚至達到 60000 赫茲。所以某些人耳無法察覺的高頻噪音，對貓狗而言，卻是如同鬼哭神號一般地撕心裂肺。

像吸塵器、吹風機這類我們習以為常的家電，大概只有在半夜聽到時，才會湧起一股躁意（或殺意）。但在電機高速運轉時會產生的那些，只有貓狗才能捕捉到的尖銳噪音，聽在牠們耳裡，很可能就像恐怖片式的尖叫一樣刺耳（而且還是持續好幾分鐘），當然會感到畏懼甚至想逃。

這就讓我想到，所謂同理心，是透過對方雙眼去看、透過對方雙耳去聽，去感受他所經歷到的世界，存在著哪些你從未察覺的缺陷。沒有這層理解，我們便無法提供真正的幫助，永遠只能旁觀他人之痛苦。

請記住，在很多困境下，一句真切的「我明白你的痛苦」，本身已是最大的幫助了。

※ 像電腦和電視螢幕，偶爾也會發出人耳聽不到、卻會打擾到貓狗的高頻噪音，如果牠們有因此表現出不適，也要盡量避免在牠們附近使用喔。

你知道嗎？

喝醉的蜜蜂會進不了家門喔

在蜜蜂面前，誰都別想宣稱自己很會喝：實驗發現，牠們能喝下濃度近 100% 的純酒精。而且在自然環境中，牠們也不愁沒地方喝，像澳洲科學家就發現，炎熱的天氣會催使花蜜樹液發酵成酒精，工作時享有免費喝到飽，蜜蜂這種福利哪裡找。

但不管蜜蜂有多會喝，一旦喝醉後，依舊不能倖免於酒精的摧折：牠們行為能力會減弱，飛行路線也顯得難以捉摸，甚至飛到在恍惚之間迷茫墜落，意外事故頻傳不休。（怪奇事物所提醒你喝酒後請勿開車）

然而就算喝醉的蜜蜂成功返回蜂巢，巢穴外的守衛蜂，也會把牠們給擋在門外。因為蜜蜂也和人類一樣，酒醉後會變得更有侵略性，很可能因此大鬧巢穴傷及無辜。而蜜蜂也深知，酒瘋這種東西一發不可收拾，所以守衛們甚至會合力起來，將醉蜂的腿給咬斷以絕後患。

但真要說起來，蜜蜂不過是不小心喝了點發酵的花蜜，就被處以如此極刑。這讓我想到，先前有人只是因為吃了麻油雞還紅酒燉牛肉，就被警察抓到酒測超標，醉蜂的無奈程度，大概跟這些人類有得比吧。

你知道嗎？

雄蜂在交配後，就會因生殖器爆裂而死喔

在空中完成交配後，雄蜜蜂的睪丸就會爆裂，並且死亡，而殘留的部分則會持續附著在女王蜂身上，除了供給女王蜂足夠的貯精（真正的精盡人亡），還能防止其他雄蜂的精子進入。

雖然說自然界為了繁衍下一代，會發展出各種（對人類來說）驚世駭俗的交配方式，但在天空爆炸這種堪比七龍珠的壯烈死法，我們也只能說，蜜蜂真的是——

屌☆爆☆了

你知道嗎？
鯨魚也會有流行金曲

會仰賴聲音進行溝通的海洋生物，在大海中並不算少數，但能被科學家定義成「唱歌」的，世上唯獨鯨魚這種奇妙的動物。

鯨魚會將多種低頻聲音，組合成一句句的「樂句」；特定樂句被重複詠唱後，會構成了一段「主旋律」；主旋律再被反覆唱和後，就能譜成一首鯨魚之歌了。這在形式上也和人類的歌謠相當（而且也都會唱給喜歡的對象聽）。

鯨魚之歌的用途相當廣泛，除了求偶，還能替同伴指引安全路線，也能用來分享哪裡的自助餐最讚 (蝦子最多)。 這些歌曲，會因所屬聚落不同各異，即便相同聚落的曲調，也會隨時間推移，逐漸唱出不同風貌，所以並不是所有鯨魚，都唱著同樣一首萬年金曲。

但有趣的是，當有機會靠近到能聽見彼此時，鯨魚也會交流各自聚落的專屬歌曲。透過這樣以歌會友的方式，偶爾也會有超級鯨曲橫空出世——有些歌曲能跨越聚落隔閡，在七海的鯨魚間廣為傳唱。

能聽到彼此的距離是多少？鯨魚的歌聲，據信曾經*能傳到一千多公里之外。換句話說，每隻鯨魚根本都是一座收聽範圍覆蓋半個地球的個人廣播電台。想想還真是有點替鯨魚們擔心，希望牠們之中沒人唱歌很難聽。

※ 因為人類進行海洋活動產生的噪音干擾，鯨魚之歌能傳遞的距離已不若以往了。

你知道嗎？

大象一個腳印就能創造一個世界喔

體重重達6000公斤的非洲象，就連走個路，都能在泥土上踩出30公分深的腳印。而這些腳印，在雨後就會形成一個一個小水窪，然後成為許多生物的家。

研究發現，這些水窪常積蓄著落葉等有機物，因此能吸引到許多微生物，以及無脊椎動物聚集，而且因為一個腳印可能存在好幾年，對許多小生命來說，這幾乎就是牠們的宇宙了。

這個發現也再次提醒我們，生態多樣性有多麼需要重視：大象消失所帶來的影響，絕不會只限於大象。大象的腳印，為某些微小生命創造的意義，正如同大象本人一樣，一樣是人類難以承受之重。

那人類自己呢？在踏遍地球上每一個角落後，人類文明的足跡，究竟有沒有為其他生命的存續，創造出正面的意義呢？

多麼希望有一天，我們能給出一個肯定答案。

你知道嗎？

沒有一隻成年大象跳得起來喔

河馬和犀牛雖然也很重，不過牠們在高速奔跑時，偶爾還是能達到四腳同時離地的程度。可是大象就真心辦不到了。雖然傳言大象寶寶其實會跳，卻從來沒有人目擊過成年大象把地球甩掉。

目前還找不到具體研究，解釋大象不能跳的物理原因，但一般都認為是大象特殊的腿部結構，導致牠們根本沒有跳起來的本錢。

而學者認為最關鍵的一點，其實還是大象根本不想跳也不需要跳。這也告訴我們，當別人質疑你為什麼做不到時，「因為我不想阿」確實是個很有力的反駁呢。

你知道嗎？

馬、牛和狗狗是澳洲最會殺人的動物

在澳洲這個青蛙吃蛇、蛇吃鱷魚的修羅場，小到蝸牛水母、大到鱷魚鯊魚，各個都會要你性命，超毒的蛇和蜘蛛，更是只要一吻就能替你送終。然而澳洲真正的動物殺人王，其實是馬、牛和狗狗！而且毒蛇造成的死亡數，還只有狗的一半。

但這並非澳洲的馬牛狗有特殊的殺人技術，事實上有超過一半的馬匹死亡事故，是因為人從馬背上摔落下來，另外在牛和狗狗所造成的死亡事件裡，也有很大比例是因駕駛閃避不及造成車禍。

這也告訴我們，人其實很容易對風險做出錯誤評估，比如說空難發生機率，事實上遠比車禍還低，但大家總會有種坐飛機很危險的錯覺。

順帶一提，據說有研究指出，被同事拿刀捅死的機率，都比因空難死亡還高，大家真的還是多關心眼前的風險實在點。

你知道嗎？
澳洲有些鳥懂得放火喔

前面我們講到，澳大利亞基本上就是個動物版米花市*。但可怕的是，這裡的動物不僅很會殺人，竟然還懂得放火！

有學者調查發現，由於澳洲野火頻繁，某些猛禽竟懂得拾起著火的樹枝，再丟到其他地方製造新的火勢，以獵捕那些在地上逃竄的獵物。更有趣的是，在澳洲原住民傳說中，教人類用火的，並非普羅米修斯或三皇燧人氏，而是傳說中的「火鷹」，表示他們可能早就觀察到這個現象了。

不過呢，學者證實就算是同一種鳥類，目前也只有澳洲版已知用火，所以放火燒了公司再怪到鳥頭上這種操作，可是屬於澳大利亞限定的脫罪藉口。

阿至於古蹟都會自己燒起來這種事呢，真的就是臺灣限定了。

※柯南居住的城市，以超高兇殺率著稱。

你知道嗎？

紐西蘭找不到任何一條蛇喔

因為地理位置與大陸隔絕，紐西蘭的物種數量相當稀少，甚至沒有在世界各地隨處可見的蛇類，你只有在北邊海域，能找到兩種海蛇。

除了蛇類，紐西蘭也沒有原生的大型哺乳動物，換句話說，就是沒有任何毒蛇猛獸。所以又懶又不會飛的紐西蘭國寶奇異鳥，才能在這座大島上悠哉度過數千萬年，直到人類出現。

也因為想盡可能保護島上獨特的物種，紐西蘭目前完全禁止蛇類進入，就連動物園內，都看不到任何一條活著的蛇，而且進口蛇類被抓到的話，還會被判五年左右的有期徒刑。

有沒有例外呢？其實還是有。經過所長親身實驗，這邊能肯定地告訴你，如果是魯蛇，那就沒問題！

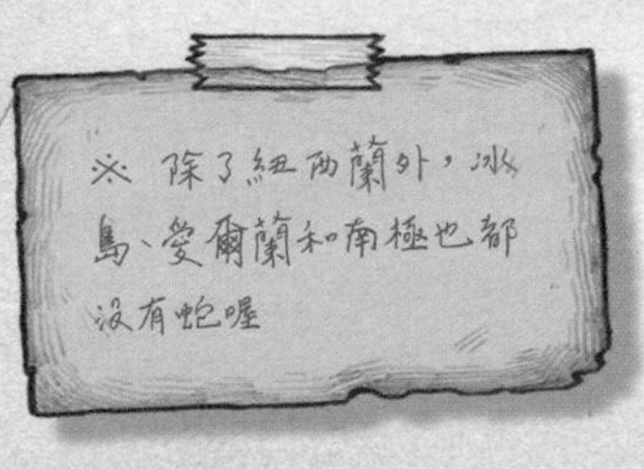

你知道嗎？
公針鼴會排隊等待交配喔

針鼴這種動物不僅名字詭異，牠們的行為也是十分怪奇十分謎：每到交配季節，公針鼴們會在母獸身後排成一隊，跟著心儀的母針鼴一起行動，期待能被她選中（通常只會有一位幸運兒）。

整個排隊過程，據說常達到一個月以上，比排張學友演唱會門票還艱辛，中間甚至會有人等到不耐煩而脫隊，有些沒骨氣的針鼴，出去晃一下後，又還是會乖乖回來排隊。

但最令人髮指的是，少數針鼴想交配又不排隊，牠們就會提早從冬眠中醒來，透過味道找出還在睡的母針鼴，對人家做些明顯違反意願的不法情事，真的是很禽獸阿。

請大家學學排隊的針鼴：
有禮貌，不變態；先尊重，再講愛。

你知道嗎？
犰狳會在賽跑中完成交配喔

犰狳算是一種相當孤僻的動物，牠們大半輩子都是獨自生活，很少與其他同類接觸。可是當遇到真愛時，牠們也會不顧一切地，為愛狂奔。

每當交配季節來臨，雌犰狳的發情氣味，就會飄散到左近的雄犰狳鼻中。而中了愛情魔法的雄犰狳，會先緩步朝雌犰狳靠近，眼見只差一步之遙便能抱緊，她卻轉身就跑毫不領情：一場充滿速度與激情的求愛盛事，就在雌犰狳拚命跑、公犰狳拚命追中，揭開了序幕。

請注意，這時候的公犰狳，通常不只一隻。

所以這不單是雄性和雌性的競爭，更是雄性與雄性間的競爭。而且這中間的輸贏，全憑速度決定：只要有雄犰狳能追上雌犰狳、並成功攀上她的嬌軀，就可以直接開始繁衍的流程了── 注意是一邊跑一邊進行，這個漢草還真是很不得了。

所以對犰狳來說，「喜歡一個女生該怎麼辦？」是一個非常沒營養的問題──「喜歡就去追阿！」雄犰狳肯定只會這麼回答。

你知道嗎？

鯊魚一翻身就會睡著喔

在遭遇到突發的上下反轉時，鯊魚就會陷入像是昏睡一樣的靜止狀態。目前科學界對這種機制，還沒能給出完整解釋，但確實在多種鯊魚及魟魚身上都能觀察到。

除了翻身，有些鯊魚甚至能靠摸鼻子來觸發靜止狀態，而專家們在研究鯊魚時，也很常使用這個方式，以避免鯊魚在掙扎中，與研究人員互相傷害。

知道鯊魚有這種弱點的，並不只有人類，某些公鯊在交配時，也會咬住母鯊、將她強制翻轉，以便順利完成交配。此外，虎鯨在攻擊鯊魚時，也懂得利用這種機制，直接讓鯊魚喪失反擊能力。

雖然在自然界中，一翻身就睡著的習慣，好像是有點危險，但在人類世界中，這實在算是很讓人羨慕的能力歎。

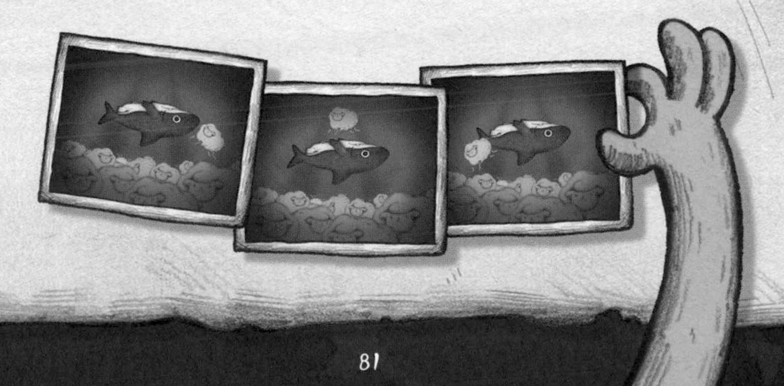

你知道嗎？
斑馬通常要有人陪才睡得著喔

身為群居動物的斑馬，不太習慣一個人，牠們大都需要有同伴在身旁，才能安心入睡。

這乍聽之下好像有點浪漫，好像是要建議那些容易睡不好的人，趕緊找個伴陪你一起入眠。但事實上，斑馬會有這種習慣，主要是為了能即時躲避掠食者。

因此，牠們除了和馬一樣，需要仰賴站著睡的特殊身體機制，還得和同伴們一起睡，以隨時保持警戒。也因為要能作出立即反應，斑馬肯定不能睡得太熟，所以在較安全的環境中，牠們還是需要躺下熟睡，這樣才能睡飽睡滿。

不過，斑馬所謂的熟睡，一天大概也就只有十幾分鐘而已，這在人類看來，還真的是有夠累的。生活壓力太大所以沒辦法好好睡一覺，難怪操勞的人們要被說成是做牛做馬。人生難，馬生也難阿。

※ 站著睡機制（stay apparatus），是指在睡眠階段肌肉放鬆時、身體還能維持站立的機制，在馬牛身上都可以看到。

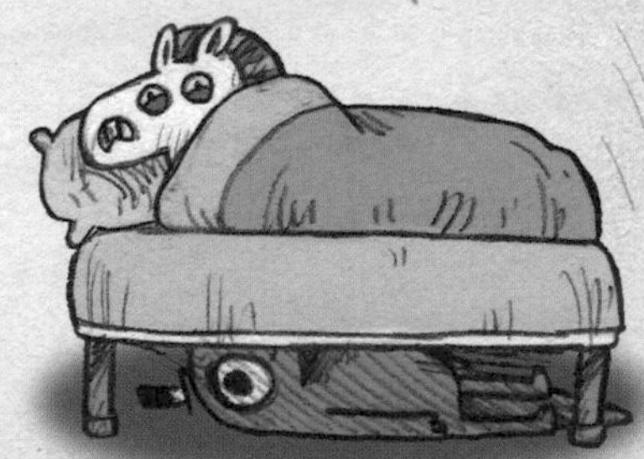

你知道嗎？

寄居蟹也懂好房子有多難搶喔

好物件有多搶手，不只租屋的學生知道，換殼的寄居蟹也知道。

科學家發現，某些軟體動物在吃海螺時，會釋放出一種具特殊味道的消化酵素，這就會吸引許多寄居蟹，前來等待一個撿到好房子的機會。

等到原屋主（海螺）被拖出來吃掉後，現場寄居蟹就會開始搶牠遺留下的空殼，而且就算沒搶到這波稀有釋出戶，其實也沒有關係。

因為搶到新殼的寄居蟹，當然得留下牠的舊殼，這對其他寄居蟹來說，也算是免費升等機會，那就能帶起一波陽台換雅房、雅房換套房，大家一起來換房的良性循環了。

看到寄居蟹能找到理想中的房子，找房找到哭的人類，真是衷心想要祝賀，但做人真的還是不要鐵齒，我必須要提醒一下寄居蟹：

你們搶的那些，都是 100% 的凶宅阿！

你知道嗎？
松鼠每年會埋下一萬顆堅果喔

經過科學家統計，森林裡每隻松鼠，每年大約要埋下一萬顆堅果，而且每顆都會藏在不同的地方。一年一萬顆這種數目，到底是怎麼記起來的，就順理成章地給科學家落下一個好問題。然後他們發現，松鼠是使用類似「分組記憶」的方式，來強化自己的記憶能力。

所謂的分組記憶，就是把想記起來的東西，按照某些不同的特性區分成好幾組，再將它們一組一組記下來。而松鼠可能就是以類似方法，將堅果區分成不同的種類，再埋藏在不同的區域，如此就會比較容易記住自己把堅果埋在哪。

所以說那些健忘的人，可以考慮跟松鼠學習一下，用更有條理的方式記住東西放在哪。畢竟你再容易忘東忘西，東西也只會靜靜待在原地等你；但松鼠要是忘記堅果藏哪裡，堅果可不會沉默不語——它的嘲弄將會化作一棵樹，永遠提醒你那個曾經的忘記。

松鼠健忘的代價，真是比我們高上很多阿。

#對森林來說
倒是件好事

你知道嗎？

在古羅馬，比讚的意思就是給他死

古羅馬的角鬥士競技，以其鋪張且嗜血的排場廣為人知。由戰俘或奴隸組成的鬥士，會在場中與對手（包括猛獸）搏命廝殺，以血泊娛樂羅馬市民、憑傷痕換取人身自由。

到了競技尾聲，一旦觀戰的國王豎起了大拇指，那絕不是想點個讚叫他下去領便當，而是要痛下殺手不留活口，也就是處決這名鬥士的意思。這與現在豎起大拇指，是在表示同意或肯定，可說是全然相反：在古羅馬，拇指向下倒轉才是表達讚許的意思。

這樣的誤解，在經典電影《神鬼戰士》再次被放大：電影中出現了「國王拇指朝下，宣告要殺掉鬥士」的橋段。不過也不難想像，劇組可能是刻意這麼安排的，畢竟國王要是比了讚後卻有人被殺，觀眾看了應該會感到相當困惑。

活在臉書時代的我們，大概也很難想像隨便按按的一個讚，過去竟然能有一條人命這麼值錢吧？

※ 有意思的是，在伊朗傳統中，豎起拇指也是種冒犯性的手勢，不過受到全球化下的文化趨同影響（臉書應該也要負很大責任），新一代年輕人也慢慢把豎起拇指的意義，與世界其他地方同步為正面肯定了。

你知道嗎？

在中世紀想解決夫妻吵架，
就是讓他們去打一架

夫妻嫌隙戀人齟齬，堪稱是一道永遠無解的謎，所長更不知道有什麼能教你。但我想告訴你的是，在尊重友善包容、耐心理性溝通這類進步觀念出現前，中世紀的歐洲人到底是怎麼解決的呢？

答案是決鬥。

在 15 世紀的日耳曼部落，夫妻之間的糾紛，常常會依賴「司法決鬥」進行仲裁。主要規則其實很簡單：雙方各持武器，打到對方投降為止。要說野蠻嘛，它其實還帶有幾分文明規範：考慮到男女生理差異，丈夫會被限制在一個地洞裡，只能露出上半身應戰，而妻子則可以在地面上自由移動，隱隱蘊含實質平等的精神。

不過呢，這種愛情生死鬥，結局不是什麼離婚判賠這麼簡單：一旦發起了司法決鬥，敗者將會被處死（雖然大多已經被打個半死了）。換個角度看，這也是一種詮釋「直到死亡將我們分離」的另類作法，但我猜這些當事人，在走上擂台那一刻可能都會想：「我們能不能離婚就好阿？」。

你知道嗎？
中世紀的理髮師會提供放血服務喔

在中世紀歐洲，醫療知識還相當貧乏，人們竟認為血液太多就會讓身體變差，因此沒事放放血，就成為當時一種很流行的療法。

但神奇的是，由於從前的醫生還沒有足夠的外科醫學知識，加上早先負責幫人放血的教士，到後來也被教皇以血液不聖潔為由禁止，因此包括放血在內的外科手術，就只能交給常在人身體上舞刀弄劍的理髮師。

這也是為什麼理髮院外會放紅白藍三色燈柱：它象徵放血療法的三元素——動脈、繃帶與靜脈。

除了放血以外，當時連拔牙也交由理髮師來做，完全可以想像他們接待顧客時會有多忙阿：刮鬍剪髮、放血拔牙、外科治傷、還要閒話家常，這種幾近全能的角色……我知道了——

中世紀的理髮師根本就是超商店員吧！！

你知道嗎？

歐洲有錢人會用真人當庭園裝飾喔

18世紀的英國上流社會，興起了一股怪奇風潮，有錢人會雇用真人，在他們的庭園中生活，並將其打扮成俗稱隱者的社會邊緣人，以提升庭園的格調與藝術氣息。

這種叫庭園隱者的真人造景，條件其實非常嚴格，基本上會有好幾年的時間，活動範圍只限於庭園中的洞穴或小木屋，而且終年不能洗澡或清理身體。

有些庭園隱者不單具有觀賞用途，還會給予訪客建言與諮詢服務（就像遊戲裡的NPC），甚至可供人餵食觸摸，內建多種互動玩法。

但千萬不要以為，他們只是單純的低端人口。據說一些高端的庭園隱者不必開口，就能透過純粹的肢體動作及一些簡單的道具，演繹出當時上流社會崇尚的陰鬱氣質，而這類隱者大師可是會相當受人敬重的。

綜合以上資訊我們可以發現，把邊緣和厭世發揮到極致，就能在18世紀賺錢當大師……我是不是真的生錯年代啦？

你知道嗎？

中世紀的人會把動物告上法庭喔

在中世紀歐洲，動物犯法和人類一樣會挨告，而且通常會有一套正式的審判程序，甚至得幫被告動物指派律師辯護，並不只是單純做做樣子而已。

即便這背後意味著法治精神的萌芽，但從現代人角度看，真的還是太綜藝了，這些動物罪犯不只有咬人的狗或踢人的馬，另有許多匪夷所思又令人髮指的案件如下：

破壞葡萄園的象鼻蟲、被認為是狼人的人類、在教堂吵鬧的麻雀、下了一顆蛋的公雞。還有不知為何，豬在當時非常容易成為被告，曾經有豬在凶案發生時和鄉民一起看熱鬧，就被法庭當成是共犯要一起處死。

雖然把人類道德觀加諸在動物身上很可笑，但將動物法律權利，放在與人類差不多高度，還真是連現代人也很難做到。

不然你可以試試看，以後看到蟑螂在你家亂爬時，威脅牠：「這我一定告」、「你就等著收傳票吧」。

千萬別急著打阿，記得一切要靜待司法調查。

第三章
你的怪讓我意外
INCREDIVILLE
SHAMPOO

你知道嗎？

鱷魚在水裡其實是用兩隻腳走路

鱷魚常常耗費大量時間潛伏在水下。而比起四肢攤平浮在水面，雙腳低垂、只留下上半身浮出水面的姿態，似乎是會更輕鬆一點，

雖然我們很難找到機會，看到水面以下的光景，但如果能在動物園透過水槽，觀看在水中靜止不動的鱷魚，你會發現，鱷魚此時就像是踮起腳尖、用雙腳站起來一樣。對牠們來說，這種略顯滑稽的姿勢，就是一種最省力的方式……反正也沒人看得到嘛。

能抓緊沒人在看的時機偷懶，鱷魚這種取巧精神我給滿分啦。

你知道嗎？

鴛鴦其實很花心根本不專情

講到專情的動物，大概有八成的人，會直覺聯想到鴛鴦。但事實上，鴛鴦才沒在跟你講什麼地久天長。

每當交配季節結束時，公鴛鴦就會離開正在孵蛋的母鴛鴦，等到下個交配季節，再換一個新的伴侶，根本沒有什麼此情此愛終身不渝。

至於為什麼自古就認為鴛鴦很專情，是因為一般人類幾乎看不出鴛鴦的差別，明明換了好幾任卻還被誤以為是同一對，堪稱是偷吃的最高境界。

所以各位女孩們，未來如果有男生對妳說，希望與妳共度只羨鴛鴦不羨仙的甜蜜生活，你可千萬要搞清楚他的真實意圖！

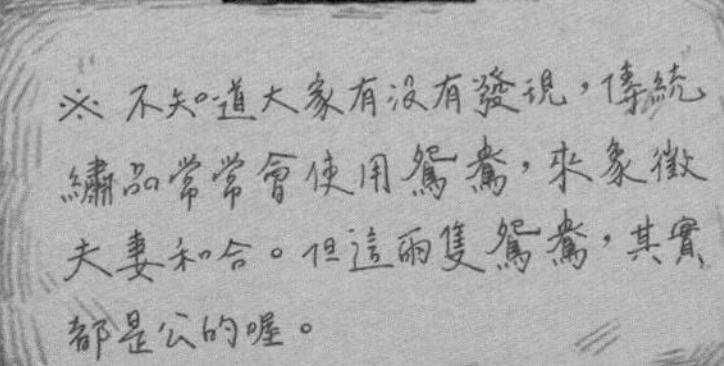

你知道嗎？

其實野生殺人鯨從來沒有殺過人

殺人鯨這個名字，遠比牠的正式名稱「虎鯨」還要響亮。但你知道野生虎鯨殺人的案例有多少嗎？答案是零——從來沒有紀錄。

歷史上多起虎鯨攻擊人類致死事件，全都是肇因於水族館裡被人工圈養的虎鯨。野生虎鯨對人類的友善程度，就連學者都很費解：「這麼強大的掠食者為何會這麼喜歡人類？」

在多起圈養虎鯨殺人慘劇，所帶出的輿論壓力下，美國已著手計畫全面廢止虎鯨表演了，畢竟討好人類，真的不是他們應得的生活方式，而且確實只有人類圈養的虎鯨，會出現駭人的殺人行為。

現在想想全世界最有資格說出：「我家小孩很乖，一定是被別人帶壞的！」大概就是虎鯨媽媽吧。

你知道嗎？
其實你很有可能比豬還胖

愛說別人胖得跟豬一樣的人類，你們，真的有想過豬的感受嗎？

一般來說，人類女性的體脂大於30%、男性大於25%，就會被認為是肥胖。但國外的一份研究指出，儘管品種、性別、年齡或飼養方式的不同，都會使得每隻豬的體脂不盡相同，但豬的體脂肪率，平均而言會落在18%——低於人類的肥胖標準。有些豬的體脂，甚至還能低於10%，這幾乎達到人類運動員的程度了。

所以豬真的未必有你們想像的胖，說不定牠們私底下還會罵太胖的豬說：「欸你怎麼胖得跟人一樣阿！？」

※ 順便呼籲一下，其實體脂率真的不是愈低愈好，體脂過低反而有可能更不健康。而且最適宜體脂率，會因每個人的體型差別而異。只要生活健康維持規律運動，並且對自己的外表保持自信，真的不必拘泥於這些數字迷思喔！

你知道嗎？

其實北極熊不是白色的喔

如果使用顯微鏡觀看，你會發現北極熊的熊毛，每一根都是中空而且近乎透明（有一點像是冬粉）。這些中空的毛髮，能將紫外光引導至皮膚表面，再透過牠黝黑的皮膚，有效地吸收極地珍貴的熱能。

沒錯，埋在透明熊毛下的北極熊皮膚，其實是黑色的。但從這些敘述來看，北極熊看起來應該要是黑色的吧？

由於整片的透明毛髮，會將可見光朝四面八方隨意散射，最終編織出了你眼裡的白色。雪花雖像水一般乾淨透明，但雪地看上去卻是一片白茫茫，其實也是基於類似原理。

如果你覺得這個知識很冷，不妨想想：這個真相背後的代價，可能是一隻毛都被拔掉的北極熊阿——牠才有資格說很冷！

你知道嗎？
真正的迅猛龍其實跟火雞一樣小

大家熟知的侏儸紀公園電影明星——迅猛龍，其主要形象來源，其實是另一種恐龍——恐爪龍（Deinonychus）。俗稱迅猛龍的伶盜龍（Velociraptor），真實外型比電影形象還要小很多，大概就只有火雞這麼大。

至於為什麼要掛迅猛龍頭賣恐爪龍肉，據說是因為恐爪龍名字實在不好唸，而且也不好聽，所以原作者及劇組，才硬生生把牠們改叫迅猛龍。

結果恐爪龍用了這個藝名出道還暴紅，可見幹演藝圈這行，要用什麼名字出道也是個學問。就像如果你知道劉德華和徐若瑄，以前曾經叫過劉福榮*和徐淑娟，大概也會同意我說的吧。

*註：不過劉德華本名真是劉德華，劉福榮是他求學時期用過的一個名字。

※其實侏儸紀公園的恐龍外觀，已經和近年古生物學的發現有很大的牴觸。例如恐龍外表應該是披著羽毛，而不是像蜥蜴一樣長滿鱗片——而這也指向恐龍與鳥類的關係，也比和爬蟲類要近的推論。但這個發現其實也是在電影第三集上映後，才真正開始普及，所以也不能怪劇組刻意忽略科學事實啦。

你知道嗎？

其實金魚的記憶力並不差喔

金魚腦是否就等於記憶特別不好，科學家其實已經做過實驗探討了。

他們在魚缸中劃分出電擊／非電擊區，並將金魚放置其中。而當牠們在電擊區中被電過幾次後，就會記住要把活動範圍維持在非電擊區，才不會被電到。

另外實驗也嘗試在餵食飼料時，對金魚播放音樂，結果牠們同樣也會在幾次餵食後，就記住音樂響起有飯可吃。而且即便經歷三個月以上，金魚也還是能記起來這些事情，顯見牠們的記憶力，根本比一些人類還要好。

其實金魚最不擅長的，應該是注意力：過去曾有研究發現，金魚僅有 12 秒的注意力。但諷刺的是，根據一項統計調查，現代人平均注意力只有 9 秒，慘敗給金魚。

另外，看完這篇文章所需的時間，遠遠超出 12 秒，所以如果有人只看了這篇文章的標題，就到處跟人說你看吧我根本不是金魚腦，那他比金魚還不如，而且就是他拖垮了人類的注意力平均值啦！

你知道嗎？

暴龍可能和黑猩猩差不多聰明

透過電腦斷層掃描技術，科學家已能推得暴龍的腦容量資料。結果他們發現，暴龍的大腦相對於體型的大小比例（又稱腦化指數），高於當代許多哺乳動物，這表示，牠很可能比我們想像的更加聰明。

人的腦化指數大約為7.5；動物界中次高者為海豚的4.5；人類的近親——黑猩猩則為2.5；至於被認為與3歲小孩有同等智力的貓狗，約在1.2左右。而暴龍在腦化指數上，竟然高達2.5。但這結果其實也和暴龍一些習性相符：比起草食恐龍，肉食恐龍往往需要一顆更大的腦，來處理更多的感官訊息，以在狩獵時掌握先機。

有趣的是，草食恐龍的腦化指數，就真的非常非常低，像腕龍大約只有0.2。有科學家就認為，這反映出牠們這輩子只有一個目標：想辦法吃進愈多草愈好（事實上牠們的消化系統也是這樣設計）。

人類有句俗話是這樣講：人正真好，人醜吃草。但對恐龍而言，醜不醜並不重要，太笨的才會吃草。

※所謂「腦化指數」（EQ），是以大腦相對於身體的大小，來比較不同生物的智力差異。因為通常來說，動物體型愈大，腦容量也會愈大，所以只比較腦容量的大小，對小動物來說當然不公平。

你知道嗎？

其實恐龍也有頭皮屑喔

恐龍就和所長一樣，一直有個被大家誤認為是蜥蜴的困擾。但牠們跟蜥蜴的關係，其實比鳥類還要遠。

最近古生物學家發現，恐龍不只身上長有羽毛，連脫皮方式都和蛇或蜥蜴很不一樣。他們在恐龍的羽毛化石中，觀察到一些大小約 2 公釐的白色斑點，經過鑑定後，證實這是角質細胞。

因此科學家推測，恐龍不像蛇或蜥蜴那樣，會一次大範圍地脫皮，而是讓汰換掉的角質細胞，像碎屑一樣一片片從外皮上剝落。這不只是看起來很像頭皮屑，它基本上，真的就是頭皮屑：人之所有會有頭皮屑，也是因為頭皮的角質細胞，因老化而脫落。

所以說恐龍不只有頭皮屑問題，頭癢起來還會因為手太短不能抓很想哭，（而且那時候地球比現在還熱很多），我想對恐龍滅絕這件事最感到難過的公司，大概就是海倫仙 X 絲吧。

※ 鳥類其實也有類似的脫皮機制，而且牠們在飛行時，劇烈的新陳代謝量會產生大量的熱能，因此要靠更頻繁的脫皮來散熱，也就是愛鳥人士會知道的羽屑、羽粉。因此這個發現，也能作為恐龍和鳥類關係很近的證據喔。

你知道嗎？

哈士奇的肝千萬不能吃喔

像海豹、北極熊及哈士奇等極地動物的肝臟中都含有大量的維生素A，但這並非營養豐富的意思，而是吃了很可能會中毒而死！

由於維生素A屬於脂溶性維生素，短時間內吸收過量，會無法排出體外，而引發中毒，又稱為維生素A過量症。其症狀包括頭痛、嘔吐及精神不濟等，嚴重時甚至會有性命之憂。

南極探險家莫森（被畫在澳洲紙鈔上的偉人），就曾於遇難時吃了哈士奇肝，而差點性命不保，這個吃肝一時補，最後墓仔埔的問題，也才因此被世人知曉。

過去我一直以為，全世界最毒的肝，應該是臺灣人的肝才對，還真沒想到會輸給這麼綜藝的動物阿。

※ 為什麼這些極地動物的肝，能累積這麼多維生素A，可能是和食物鏈有關：魚肝的維生素A含量豐富，因此吃魚的肉食動物，就會有一個能裝進更多維生素A的肝了。

你知道嗎？

野生倉鼠也會主動去跑滾輪喔

倉鼠為什麼總愛在滾輪上跑個不停，並不是因為生活太無聊，或沒事想跑個身體健康，而是發自內心癡迷於跑步本身。

有科學家在野外放置倉鼠滾輪後發現，雖然不少動物（包括青蛙）都會上去踩個幾腳，但其中有高達88%的比例，都是囓齒類（鼠類）動物，而且也只有牠們會認真跑上好幾分鐘。

由此可見，鼠輩們可是出於本能地熱愛跑步，像是野生老鼠，甚至還有一晚跑上10公里路程的紀錄。

而研究進一步發現，這背後機制其實跟人類差不多：牠們的大腦也會在跑步時，釋出大量腦內啡，達到所謂「跑者高潮」的愉悅境界，這種狀態是真的和吸毒差不多意思，因為基本上，真的是會成癮的。

因此，倉鼠在滾輪上奔跑，並非是漫無目的，而是充分在享受那個過程。相較之下，總是不知道為何而跑、在追什麼的我們，看起來應是更加地盲目、更加地徒勞吧。

你知道嗎？

海豚會把河豚當毒品來嗨喔

一部紀錄片發現，海豚會靠蓄意戳咬河豚，來誘使牠們釋出體內的河豚毒素，再把這些毒素像毒品一樣的嗑掉。

在吸入這批很純的河豚毒後，海豚們就會呈現出各種嗨，例如在海面上不停地翻滾，或者盯著自己的倒影出神，對小朋友來說真是非常不好的示範。

但不學好跑去吸毒的動物，其實還不只海豚，前陣子澳洲就爆發大規模的狗狗吸毒醜聞：牠們會舔一種毒蛤蟆舔到重度成癮，情況據說嚴重到，動物醫院須要增設狗狗戒毒中心。

然而把活體動物當毒品來吸這種怪事，其實在不少人類身上也能看見——

對，我就是在說那些吸貓吸上癮的貓奴們。

※ 有動物專家指出，河豚毒素是一種超級劇毒，比古柯鹼還毒個 12 萬倍，拿這種東西來開心，風險實在太高，而且海豚這些看起來很嗨的反應，其實還比較像是中毒後的麻痺現象。

所以雖然海豚確實有挑釁河豚並吸入河豚毒，但究竟牠們是不是真的出於吸毒意圖而這樣做，其實還不太能確定。

你知道嗎？

烏鴉真的很會記仇喔

「認臉」其實算是一種高度進化的技能，能單靠臉部細節辨認出個體的動物並不多，而且大多是我們印象中那些「很聰明的動物」，例如猩猩、烏鴉或者新衰鳳。

通常來說，會認臉的動物，大多在認同類時才比較強，不過烏鴉就不是這樣了。

研究發現，如果讓人們戴著面具捕捉烏鴉，牠們就會牢牢記住這張壞人臉，以後只要一看到同樣的面具（不管是誰戴），烏鴉就會開始鼓譟、甚至發動攻擊。

更可怕的是，不只那些被抓過的，連沒被抓過的烏鴉，也會靠同伴間口耳相傳，記住這個烏鴉公敵好幾年。

如果你覺得上了烏鴉黑名單好像也沒什麼，容所我提醒你烏鴉其實可以長到老鷹那麼大，然後先前加拿大還傳出，有烏鴉偷走了一把刀。所以說，千萬不要惹到烏鴉。

※ 該研究最後還下了一個很有趣的結論：對烏鴉來說，所有的老鷹都是威脅，所以只要記得這個生物大概長怎樣就好。但在人類裡面，只有特定的壞蛋會欺負烏鴉，所以我們要特別記得他長怎樣。烏鴉也是很講道理的嘛。

你知道嗎？

章魚的其中一隻手其實是 ○○ 喔

大多數雄性章魚的精囊，都會存放在八支腕足的其中一支上，而這支特別的腕足，又叫做交接腕。

交接腕的功能，其實就和陰莖一樣—— 都是為了將精子輸送給雌章魚，以完成交配繁衍的生存大業。

會有這種怪奇的交配模式，普遍猜測是因為雌章魚常在交配完成後，順便就把雄章魚給吃了，這種行為在自然界中，其實也不算很稀奇。

為了保命，雄章魚只好盡量保持安全距離，害怕被對方傷害，想愛卻又不敢愛得徹底，最後就只好選擇握握手、做朋友了。只不過在章魚的世界裡，單純牽個手還真的有可能會懷孕就是了。

※ 有些章魚還會直接把精囊拔下來扔給雌性，體現出一種「Go f**k yourself」、你行你自己來的激烈態度。但最驚人的是，還有一種章魚會直接把交接腕給射出去，讓它自己游去找雌章魚，堪稱是能讓人懷孕的金鋼飛拳，自然界實在是太奧妙了。

#這手還真是屌

你知道嗎？

虎鯨是地球上最媽寶的動物喔

肉食哺乳類動物大多很晚熟，子女通常得靠爸媽照顧好幾年才能獨立，這對那些出生沒多久，就會跑會跳的草食動物來說，牠們通通都是媽寶沒錯。

在這之中，公虎鯨更是媽寶中的戰鬥機，牠們就算活到 30 歲也會和媽媽待在一起。而且之所以說牠們是究極媽寶，是因為虎鯨一沒媽就會死掉！

研究發現，年輕的公虎鯨如果喪母，那牠在一年內的死亡機率，會是正常的三倍，如果是超過 30 歲的老虎鯨，則會達到八倍（反觀對母虎鯨的影響就沒這麼大）。

公虎鯨到底為什麼這麼媽寶，比較可能的推測，是母虎鯨大多為族群領袖，由於壽命較長，較能利用經驗和智慧去獵食，所以對公虎鯨來說，乖乖當媽寶，才能吃得飽。

有趣的是，虎鯨男孩從尋找伴侶到生下小孩，虎鯨媽媽始終會全程陪在身旁，連和女生約會都要有媽媽在場，這媽寶的程度，應該沒有人類女孩能夠接受吧！

不過往好處想，至少虎鯨男孩不用怕被女友問這個問題：

「我和你媽掉進水裡你會先救誰？」

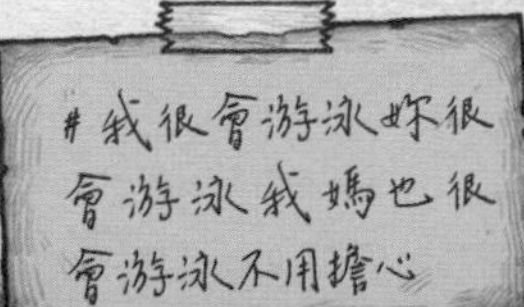

你知道嗎？
河狸真的會被自己啃斷的樹壓死

喜歡啃樹蓋水壩的河狸，並不像人類伐木工一樣，懂得靠砍樹的方式，來決定樹倒的位置（這個技術其實很難）。

事實上，河狸純粹是以直覺來預測樹會往哪倒，並且在被壓到前趕快閃開。換句話說牠們在幾百萬年來，真的就是單純依賴本能，在從事這個高風險的工作。

因此正如俗話所說，夜路走多總會撞到鬼，只要有風險就一定會有意外出現，河狸被倒下的樹壓死，其實也時有所聞。

這就像蛇被自己毒死、鯨魚在海水裡淹死、台灣勞工被過勞死一樣，真的都會發生阿！

※ 嚴格來說，鯨魚並不會溺死，而是窒息而死。因為牠們沒有呼吸反射中樞，都是透過大腦有意識地在呼吸，所以當牠們在水裡無法呼吸時（像是被漁網卡住），不會像陸生動物一樣啟動呼吸反射、使肺部吸入大量的水，而是就這樣缺氧而死。

你知道嗎？

有種毒蜂能讓蟑螂變成幸福的殭屍喔

扁頭泥蜂的毒，和一般毒物不太一樣，不是癱瘓獵物身體，讓牠想逃卻動不了，而是直接改變大腦反應，讓獵物根本不想逃。

當蟑螂的大腦被扁頭泥蜂的毒針刺到後，腦中會突然湧出大量的多巴胺：這是讓動物產生愉悅感的重要激素，像吸毒成癮就和多巴胺就有重大關係。

當然啦，我們畢竟不是蟑螂本人，不確定蟑螂此時是否會洋溢滿滿的幸福感，但牠們的確就此喪失了恐懼感和抵抗能力，任由泥蜂媽媽牽回巢穴成為幼蜂的食物。

怪奇的是，蟑螂中毒後的第一個反應，竟然是開始清理自己的身體，為什麼泥蜂毒會有這個副作用，科學家目前還給不出確定答案（合理猜測是讓小泥蜂吃得乾淨吃得安心）。

雖說讓蟑螂變得呆滯不會亂跑，聽起來還真是相當誘人，但對蟑螂而言，這個結局的殘酷程度，直叫人膽戰心驚。

更可怕的是，會不會現代人也是這樣呢？我們會不會也總是麻痺在虛假的幸福感中，而忘記對生活做出最關鍵的抵抗呢？

SENPAI
你知道嗎？
鴕鳥會把人類當成求偶對象喔

雄鴕鳥在求偶時，會攤開翅膀左擺右搖，對雌鴕鳥跳一支充滿愛意的求偶舞，如果對方接受，那就會跟著一起跳，跳完以後再一起睡覺。不過怪奇的是，世界各地被馴養的鴕鳥，無論雌雄，都很常把人類當成是求偶對象，對他們跳完整套求愛舞蹈。

鴕鳥會錯愛人類的真實原因並不確定，很可能是基於出生時的銘印效應：鳥類會視破殼後第一眼看到的生物為同類。

雖然鴕鳥的睫毛很長眼睛很美，但體型巨大雙腿結實，又有堅硬的爪喙，那個嘴那個踢，兇起來直接送你下去探親（所以說鴕鳥根本不需要把頭埋進土裡躲避危險）。

不過幸好，鴕鳥並不在意被拒絕，站起身來抖抖翅膀擺擺屁股，繼續找伴陪牠跳第一支舞。

講到這還真是要拜託人類多學學鴕鳥啦，畢竟很多時候，所謂恐怖情人、恐怖追求者，並不是天性就很恐怖，而是不知道怎麼坦然接受對方說不。

#也請記得永遠不要以暴力解決問題

你知道嗎？
非洲野犬會用投票來作決定喔

當非洲野犬聚在一起時，會用一種獨特的噴嚏聲問候彼此，雖然聽起來好像很失禮，但接下來的發現，就足以讓全球60億現代人都驚呆了：這種噴嚏問候法，其實還兼有投票表決的作用。

在紀錄了幾次非洲野犬的聚會後，科學家注意到，只要聚會中的噴嚏數愈多，那麼野犬在聚會後，就有愈高機會一起移動或一起狩獵，因此推斷：牠們是靠打噴嚏投票，來作出集體決策。

有趣的是，牠們的表決方式，並不像人類民主社會票票等值。非洲野犬群體中，存在有位階之分，而位階高低，會影響野犬的噴嚏份量：較低階的野犬開會時，需要更多的噴嚏才能達成共識，反之，位居領導的野犬，只需要二到三聲噴嚏就可以驅使團體行動。

這樣說起來，如果非洲野犬鼻子也會過敏，應該很容易感到困擾吧？開會時亂打噴嚏的意思，大概就像在舉手表決時舉起兩隻手一樣，會讓計票的人很想翻白眼欸。

你知道嗎？

蜜獾被蛇咬只要睡一覺就會好喔

蜜獾是世界上少數能抵抗蛇毒的動物，不過如果說是被毒蛇咬後，還一點事情也沒有，恐怕是有點誇大：牠們還要小睡一下才會好（我酒精中毒都沒這麼輕鬆）。牠們不怕蛇毒的原因，一是因為毛皮太厚，很難被毒牙咬穿，二是牠們對蛇毒有很高的抗性，耐痛能力似乎也非比尋常。

除此之外，蜜獾也相當好鬥：牠們基本上會攻擊任何眼前的生命。這種大小跟中型犬差不多的動物，甚至會正面迎擊體型大上自己好幾倍的獅子，因此被譽為全非洲最無所畏懼的動物。

這樣有輸過沒怕過的性格，還和牠另一項特質完美結合——貪吃。因為身披厚皮，帶刺的豪豬牠可以；因為強大的咬合力，帶殼的烏龜都能處理；因為天生抗毒，吃起毒蛇也甘之如飴。簡單來說，什麼都能吃；什麼都愛吃；所以什麼挑戰都敢嘗試。因貪吃而強大，蜜獾真是我們所有吃貨的表率阿。

你知道嗎？

遠古企鵝其實比人還高

在恐龍滅絕後（約5～4千萬年前），巨型鳥類一度是陸地上最強大的肉食動物，而這個由鳥類制霸地球的趨勢，在遠古企鵝身上竟然也能看到。

古生物學家發現，有些遠古企鵝身高，能長到2公尺以上，身材高大同時還有優秀的游泳能力，是當時最主要的海洋掠食者。

至於後來的企鵝為何像中了詛咒一樣愈來愈矮，目前有個說法是企鵝開始變矮的時間，與哺乳類進軍海洋的年代差不多吻合，因此有可能是被更有競爭力的鯨豚取代了。

又高又壯的企鵝如今只能看到化石，反觀那些矮小企鵝們倒是活得挺好，可見以幾百萬年的演化尺度來看，身高沒有意義，生存才是真理，我們真該用更宏觀的角度來看待自己的身材。

所長在此與各位矮個子們共勉之。

你知道嗎？

在 20 世紀前，世界上沒有紫色的國旗喔在全世界近 200 個國家中，幾乎沒有一面紫色的國旗，而原因很簡單——紫色在以前非常昂貴。在早期歐洲，只有一種毒海螺能粹製紫染料，而且大約要一萬隻海螺，才能壓出 1 克的染料，紫色染料也因此跟等重黃金差不多值錢，不可能拿來染製會被大量使用的國旗。

如果拿哀鳳來換算，全新的 iPhoneXs Max，在以前也只能換 45 c.c. 的紫色染料（染襪子都不夠）。所以說一件紫衣，就能讓你金光閃閃尊爵不凡，穿出門基本就像把一間大安區廁所套在身上。

直到 19 世紀中葉，人工合成的紫染料出現，以前幾乎只有皇室能用的紫色，才終於連平民也用得起。但大部分的國旗樣式，這時候都已經定下來了，所以只有 1900 年後成立的國家，才會在國旗中使用紫色。

在講結論前，我要先跟大家說一個老故事：有男子向精靈許願說：「給我一隻獨角獸。」精靈說：「許個實際點的願望吧。」男子說：「那給我一個女朋友。」於是精靈就問他說：「你的獨角獸想要什麼顏色？」

聽完這冷知識後，你現在知道要選紫色了吧，這樣精靈應該就會幫你準備女朋友了呢。

#紫色獨角獸比你的女朋友還稀有

你知道嗎？
其實自由式比賽用任何方式游都可以喔

根據國際泳協（FINA）規定，自由式比賽可以使用任何一種泳式，除了在混合四式項目中不能游蛙、蝶及仰式，真的是你想怎麼游就怎麼游。

至於現在被我們叫做自由式的泳式，正式名稱其實是爬泳（或捷泳），因為游得最快，所以自由式比賽中才會無例外地都用這種姿勢。

而由於規則中，並沒有明確定義怎樣才能叫游泳，因此只要能開發出比捷泳更快的水上移動方式，哪怕是輕功水上漂，理論上就可以拿到奧運自由式金牌了（但要記得有規定不能一直潛在水裡喔）。

所以說阿掌握規則真的是成功的捷徑，好比桌球網球羽球規則，都沒寫不能用兩支球拍，你也可以朝世界唯一的二刀流努力喔！

※ 目前對自由式就只有一種限制：「不能一直潛在水裡」，選手的身體必須要有一個部分持續露出水面，才不會違規。

你知道嗎？
水蜜桃種子是種不出水蜜桃的

由於大多數的水蜜桃在臺灣栽種困難，市售水蜜桃全都是用嫁接方式種出來。

如果你把這些水蜜桃的種子拿去種植，因為缺少嫁接母株（砧木）的調控，種出來的結果有很大機會不是水蜜桃，大多是最普通的桃子，又叫苦桃或毛桃。

（圖片僅供參考，種出來不會長這樣）

即便你超級強運種出了水蜜桃，單靠種子長成的實生苗，也很容易產生變異，雖然果農們能藉此培育出更大更好吃的品種，但這真不是只懂吃的普通人能辦得到——我們就只能種出又小又難吃的版本。

所以下次有人跟你說種瓜得瓜種豆得豆，你就叫他去種水蜜桃看看。

※ 其實大部分的市售水果，都是經過繁複的育種挑選後，再經無性繁殖栽種而成。種子既然經過基因的分離重組，就注定不會和你當時吃的那顆水果一樣了。

你知道嗎？

自然界中不存在藍色的玫瑰花喔

由於玫瑰缺少一種特定基因，無法合成出「飛燕草素」——這種花青素，正是讓植物出現藍色外表的關鍵（像葡萄皮就富含飛燕草素）。

因此，自然界中並不存在藍色的玫瑰花，藍色玫瑰只能透過染色、或是基因改造實現。而「奇蹟」與「不可能實現的事」也就此成為藍玫瑰所蘊含的花語。

我想，許多人應該也和我一樣，在內心的宇宙，也開著這樣一朵藍色玫瑰。

因為受人馴養，尋常玫瑰才擁有了意義，但藍玫瑰不是，她只須靜靜地盛開在那裡，就有著獨一無二的意義。

正是這般與我無關的存在，比起傾盡心力、窮盡一生的思念予以灌溉，我只甘心於每一個抬頭仰望的瞬間，望著她獨自綻放的美景。

一如她靜靜地盛開，我也靜靜地沉醉，再從偶然迴盪的遺憾中，透出最後一絲一廂情願：願這朵藍玫瑰花事未了，在我心中永遠開出最美的樣子。

第四章
你的怪讓我崇拜
INCREDIVILLE

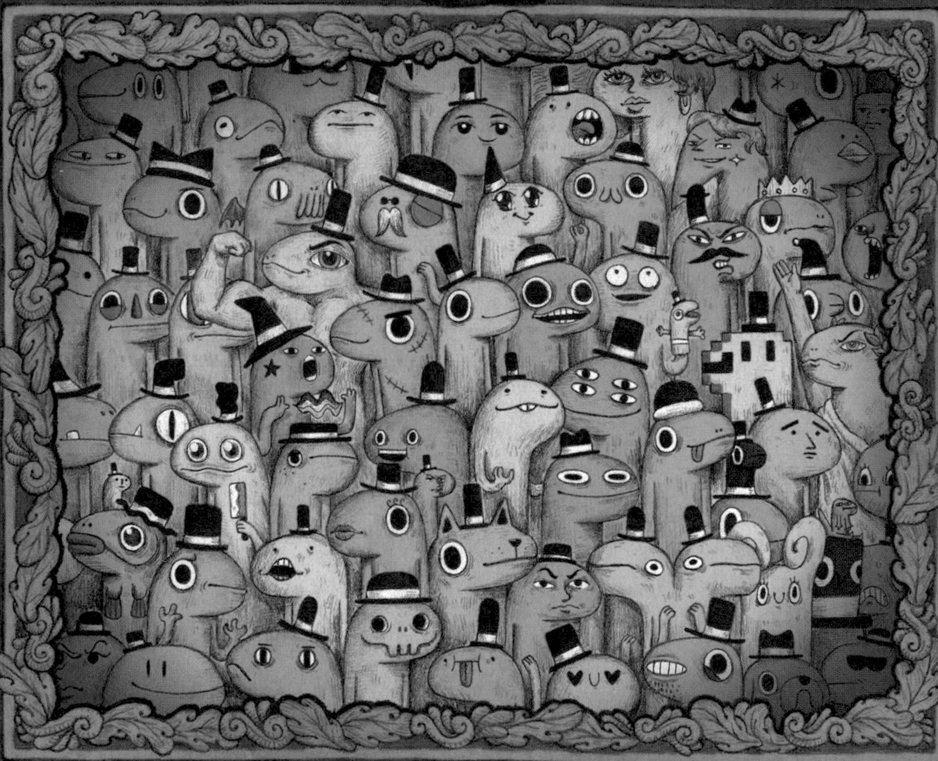

你知道嗎？

你的大腦最多只能容納150位朋友喔

人類學家鄧巴，在《你需要多少朋友？》這本書中寫到，從石器時代原始部落，到羅馬帝國部隊編制，許多人類團體的組成人數，很怪奇地都會落在 150 這個數字。

即使到了現代社會，不論你臉友是否破千，在現實之中，還是只能和大約 150 人，維持穩定的人際關係。因此，這可能就是人類認知能力的極限，你的大腦最多就只能應付 150 份社交負擔。

此外，這邊所謂穩定的人際關係，指的是每年至少會聯絡一次，過年看到的三叔公二嬸婆四姨丈五舅伯，應該全都能算在內。如果是沒事就愛聊天瞎扯講幹話的這種好朋友，那平均而言只有 12 到 15 人左右。

所以說阿，朋友這種東西真的是多了也沒用，畢竟你每年還可以聯絡一次的，頂多 150 人，而真正會在乎你死活的，大概也就那 15 人。只要抓緊這兩組關鍵數字，人生再怎麼邊緣，也和網紅相差不遠喔！

※ 鄧巴總共提出了 5 人、15 人、50 人及 150 人的社交程度區別，來解釋人類的交友狀況無法無條件擴張：最親密的好友 5 人、聽到你過世會很痛心的 15 人、互動較頻繁的 50 人以及一年會固定聯絡一次的 150 人。

你知道嗎？

脂肪細胞可以活到 25 年那麼久喔

正所謂潮落之後一定有潮起，不同細胞也有不同的生命週期，並且不斷在我們體內進行更迭。

像紅血球可以活 4 個月；表皮細胞能活上 4 周；肝細胞大概能活 1 年多；骨細胞可以撐到 10 年；而肌肉細胞則是 15 年。

但脂肪細胞，可是非常長壽的 25 年，以這本書讀者的平均年齡（我們推測是 23 歲）來看，你身上的脂肪細胞，在這輩子都還不曾離去。

而且就算你拚命減肥也是如此。脂肪細胞的數量，約在 15 歲前就會固定下來，它們也許會縮小，卻不可能減少（除非抽脂），堪稱是不離不棄、直到死亡才能將你們分離。

所以在往後每一個孤單寂寞的夜晚，別忘記，你其實正被脂肪那從未離去的溫柔給環抱。既然都甩不掉了，不如就這樣放棄掙扎吧！

※ 脂肪細胞的數量大概在成年後，基本上就不會改變了，因此影響我們身材胖瘦的關鍵因素，其實是脂肪細胞的大小，而不是數量喔。

你知道嗎？

人在空虛寂寞時是真的會覺得冷喔

有實驗發現，當人類被排擠或者感到孤單時，手指的溫度平均會降低 0.37˚C。

另外一場要受試者猜出室內溫度的實驗發現，在回憶起孤獨的感受（像沒人要和你同組）後，人們大多會猜出比實際室溫更低的溫度。

換句話說，空虛寂寞真的會覺得冷沒錯！

這可能是因為當人感受到外界壓力時，神經系統（主要是自律神經）會自動產生反應，將血液導向心臟大腦等核心器官。

這個機制雖然能減少體溫逸失，但體表血管也會因為收縮而導致降溫，如果你剛好又屬於敏感性肌膚，那說不定真有機會感到一絲寒意。

在炎炎夏日之中，這樣一個環保，又經過科學證實有效的消暑妙方，本所肯定是要大力進行推廣的。

我……我才不覺得孤單，我這是在節能減碳！

你知道嗎？

心理創傷就和身體受傷一樣會痛喔

有實驗比較了人腦在下列兩種情境下的反應：一個是給他們看前男／女友的照片；一個是讓他們的手臂被高溫燙到。

結果發現，這兩種結果其實非常相似，它們都會觸動多個相同腦區的反應，包含背側前扣帶迴、前島葉及丘腦等等。其中的前扣帶迴，還是人會感受到痛覺的關鍵。換句話說，心理受傷和身體受傷，在大腦迴路上確實是有所重疊，兩者都能使大腦不由自主地覺得很痛。

怪奇的是，目前研究只有發現人際上的挫折，像是失戀、被人拒絕或者感到孤獨等等，才能在大腦中引起和身體疼痛相似的反應，其他網路斷線、走路掉錢、購物被騙、上班被唸都不會。

學者認為，如果用演化觀點來解釋這種現象，可能是基於人類一直以來，都是社會性動物，大腦必須不時警告你離群而居會有危險，甚至不惜動用疼痛機制，以防止你忽略它。

也因此，當你備感邊緣時，說句「心好痛」其實一點也不浮誇，而是基於原始的求生本能在掙扎。反過來說，那些再邊緣也能不痛不癢的人——

你們的進化程度可能有點高欸。

你知道嗎？

沉默帶來的尷尬，是很強大的談判武器喔

心理學研究指出，當談話中突然出現的沉默超過4秒鐘，就會讓人感到焦慮不自在：他們會開始腦補各種小劇場，拚命去揣測對方到底想怎樣。

尷尬心理學家解釋（真的有這種專業），人類天生就很難忍受不確定性，我們總習慣照著規則行動、順著指標前進，一旦這個慣性被打破，陡然浮現的未知，便會讓我們驚慌失措。

所以沉默帶來的尷尬才如此讓人害怕。

尷尬心理學者甚至舉例，有老闆和員工談薪水時故意沉默以對，結果員工還真的會因此受不了而主動降薪，只求能快點結束這陣尷尬，可見沉默在談判中還能起到不小的作用。

雖然善用沉默帶來的尷尬能在談判中獲益，但要如何在使人尷尬時，自己卻不會感到尷尬，就是一門需要額外鍛鍊的技藝了。

我會建議你試試，在搭電梯時死盯著每個乘客看，這絕對是鍛鍊尷尬抗性最好的方式。

抬頭看電梯現在到幾樓就輸了喔
和剛剛才說再見的同事一起搭效果更好

你知道嗎？

約有 1% 的人能看出聲音的顏色喔

如果有人聽到音樂時，會說出：「這把小提琴的聲音是溫潤的琥珀色」、「這曲子艷紅得像勃根地紅酒」等怪奇心得，未必是因為他嗑了什麼，而可能是大腦神經天生的異常反應。

當接收到聲音時，大腦視覺區竟也受到刺激，使人在聽到聲音時，一併觸發了對顏色的感受，這種感官混合的症狀，又被稱為「聯覺」，目前已被科學證實與基因有關，會在大約1%的人身上出現。

此外透過聲音觸發視覺並非是唯一一種聯覺，還有像在閱讀文字時嘴巴也嚐到味道、聞到氣味就可以察覺對方感情、甚至看到特定數字就會浮現對應顏色，全都可以算。

擁有這類能力，通常就會被歸類為「聯覺人」，雖然根本原因算是神經系統異常，但其實還算實用，也不會對生活有負面影響，堪稱是滿讓人羨慕的特異功能。

而根據本所統計，有高達80%的男性，在讀到「澳門首家線上賭場上線啦！」時，會發現明明只是文字，腦袋卻自動浮現出聲音。

如果你有這種聯覺，我建議還是不要承認吧！

你知道嗎？

權力真的會使人腦殘

研究發現，在位高權重者的大腦中，一種叫「鏡像神經元」的神經細胞，在傳遞過程中，普遍會有受到阻礙的情形，而這個過程正是人類產生同理心的關鍵。

此外柏克萊心理學者也在數十年的研究中發現，在上位者的行為，通常會有一些共同點，例如衝動行事、缺乏同理心及不計風險等等，而這些徵狀其實和腦部受到創傷非常相似。

有一些神經科學家還特別提出「傲慢症候群」，用來稱呼這種因權力而產生的認知障礙，換言之擁有權力，即會伴隨大腦功能損害這個說法，已經是被科學認證的殘酷事實了（這真的解釋了很多事）。

你渴望權力嗎少年？拿健康的腦來換吧！

#用肝是換不到的喔

※ 特別要說一下，雖然標題是「權力使人腦殘」，但在這些相關研究中，並沒有真正釐清權力和腦殘的因果關係：到底是有權力後才腦殘，還是因為腦殘才有了權力，這目前似乎還看不出來的，我們只知道兩者會有關聯。

你知道嗎？

好奇心真的會誘使人類傷害自己喔

除了對著風扇發出「啊～～～～」的聲音，電風扇其實還有一種又酷又成熟的玩法：那就是把手指伸進去再發出「啊！」的聲音（沒玩過別說你是大人阿）。

好奇心，是人類進步的原動力，它的誘惑強大到我們無法抗拒。即便後果是傷害自己，人們依舊會前仆後繼，就像兒時嘗試電風扇的另類玩法一樣。

一場心理學實驗找來兩組受測對象，其中一組被告知桌上的筆「有些」帶電，卻不告訴他們究竟是哪幾支筆帶電。另一組則被清楚告知，究竟哪幾支是有帶電的，最後再讓他們與這些帶電的筆個別獨處。

結果發現，相較於看著筆發呆的知道答案組，只知道「有些」筆帶電的那一組，幾乎都要手賤去試試到底哪幾隻筆有電，非得被電到啾啾哮吱吱叫才會甘願。

也就是說，你的好奇心會帶領你勇往直前，即便答案揭曉瞬間，身心也將被痛楚席捲，我們依舊會想滿足那份病態的好奇心。

想知道把棍子伸進行進中的腳踏車輪會怎樣；
想知道喜歡的學妹是不想理你還是真的在忙；
想知道前男友現在是不是有了新對象；
我們這一生，確實都在以血淚餵養好奇心；
你身心遍布的傷痕，往往就是最好的證明。

你知道嗎？

睡得比別人少可能是基因突變喔

每位成功企業家的背後，好像都有個每天只睡4小時的傳說，看在睡滿8小時也一樣睡不飽的我們眼中，還真是永遠都別想出頭。

然而研究發現，這還真的不能怪我們太懶惰，而是有人天生就贏在起跑點：像這樣睡少少精神一樣非常好的人，大多是因為身上帶有特殊基因 DEC2。

有 DEC2 基因的人，在睡覺時，處於非快速動眼期（NREM）的比例更長，NREM 正是大腦最為放鬆的無夢睡眠階段，也是讓你修復身體、恢復精神的關鍵。

而這可能是成功人士不需要睡那麼久的原因：因為他們能夠睡得更有效率。此外，睡眠不足帶來的負面影響，在這類人身上會比較小，而且恢復得也很快。

但更過分的是，研究還發現有這個基因的人，性格都較為積極正向、身材還普遍很瘦，堪稱是人生勝利組的標配基因。

專家指出，全世界大概只有 5% 的人，擁有這種令人稱羨的先天性少睡體質。但據我所知，台灣應該至少有 50% 的員工，經過老闆訓練後，也獲得了後天性少睡體質——

也就是俗稱的血汗體質啦。

你知道嗎？
肚子餓真的會讓你變聰明

賈柏斯曾留下一句名言：Stay Hungry, stay foolish. 這句話如果照字面直接翻，就是要你保持飢餓、保持愚笨，不斷被求知慾驅使、不斷探索這個世界。

但研究証實，當你處於飢餓狀態時，你是很難保持愚笨的！

當人在飢餓時，身體會分泌一種飢餓素（Ghrekin），它不只會刺激食欲，還能促進大腦獎勵迴路、並釋出讓你感到愉悅的多巴胺，這也是吃東西會這麼開心的原因之一。科學家在老鼠身上進一步發現，飢餓素還會影響其他生理功能：吃得比較少的老鼠，其大腦中與學習和記憶相關的海馬迴，在飢餓素刺激下會生成更多神經元，在一定程度上變得更聰明。

會有這種現象，很可能是因為處於飢餓時，大腦需要激發你去填飽肚子的動力；但同時也要具備找到東西吃的能力，如此你才有辦法活下去。但需要注意的是，靠飢餓誘發的記憶力提升，當然也是有時間限制的，畢竟當你餓過頭（例如血糖過低）時，你的大腦根本無法正常運作，更不用說把事情記得更清楚了。

這等於是從科學的角度提醒我們，當你的另一半肚子餓時，最好不要惹他生氣——因為這個時候，他是真的非常會記仇。

你知道嗎？
會分手都是大腦害的喔

在接觸到菸酒、毒品或臉書 PTT 等成癮物時，多巴胺這種神經傳遞物質，就會刺激你的大腦迴路，使你在幸福洋溢之虞，陷入對成癮物無止盡的渴求。按照這個邏輯來看，所謂的愛情，其實也很像成癮。

當男女處在熱戀時期，包含多巴胺在內，腦內多種遞質的分泌水平都會大幅提升，與判斷能力相關的額葉皮質，功能則會呈現減退。這些變化不但使你像瘋了一樣為對方著迷，也害你如瞎了狗眼一般看不清對方缺點。

在一開始，大腦會建立起這樣的連結：每當見到戀愛對象，多巴胺會跟著釋放，使你心頭小鹿亂撞。但隨著時間經過，這個連結將不可避免地逐漸弱化：多巴胺分泌量降低、額葉皮質運作回歸正常，你的理智也慢慢回過神來。自此你望向對方的眼神，不再隨時內建粉紅色濾鏡；你彷彿大夢初醒，邁入所謂的倦怠期。

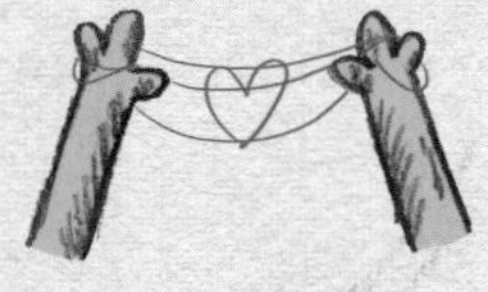

走到這個階段，過去那份癡迷的愛，就很難再找回來了。如果不能在兩人關係中，創造新的刺激、或是新的意義，戀愛感遲早會在腦海裡煙消雲散，浮現在你眼前的便只剩分手一途。

講到最後，我其實不是要大家看淡愛情的來去分合，而是認清由激情歸於平淡的必然過程。值得一看的愛情，不只是轉瞬的煙花綻放，還有悠遠的熠熠星光：兩人究竟能比肩走上多久，端看喧囂過後，你們可否相守於這份漫長的靜默。

你知道嗎？
有98%的人認為自己很好相處喔

「如果這世界上有一半的人很機歪，另一半的人比較好相處，你覺得你會是哪一半？」研究發現，當被問到這個問題時，有98%的人會認為自己屬於好相處的那一半。照這結果來看，世上只有2%的人很機歪嗎？不管你信不信，我反正是不信啦！

事實上，這源自一種心理認知上的偏誤，叫做自私的偏誤。儘管心理學有非常多相關研究，但背後原理其實一句話就能講完——人總會不可避免地自我感覺良好。

儘管我們都討厭自大的機歪人，也都能意識到保持謙虛很重要，但卻很難不認為，自身能力位在平均值以上：在長相、智力、德行或者人際關係上，我們總會比多數人「稍微好那麼一點點」。

最明顯的例子，就像是開車的時候，你總覺得自己開得最穩最好，那些開比你慢的通通是雞腿換駕照，而開比你快的都像在拿人命開玩笑。這種思考陷阱最可怕的是，它無關性格，我們隨時都可能身陷其中，卻未必有所察覺，所以當面對那些，在你眼中不如你的人時，就容易不自覺地站在優越的角度看待對方。這時從他看來，你就是那個講話很機歪，不講話更機歪（你的眼神機歪）的機歪人了。

所以說，每當你感嘆周遭機歪人怎麼這麼多，也別忘記反省自己是否也曾不小心機歪過，因為很多時候，機歪並非出於你的個性，也來自我們總會不經意流出的，那份過度自信。

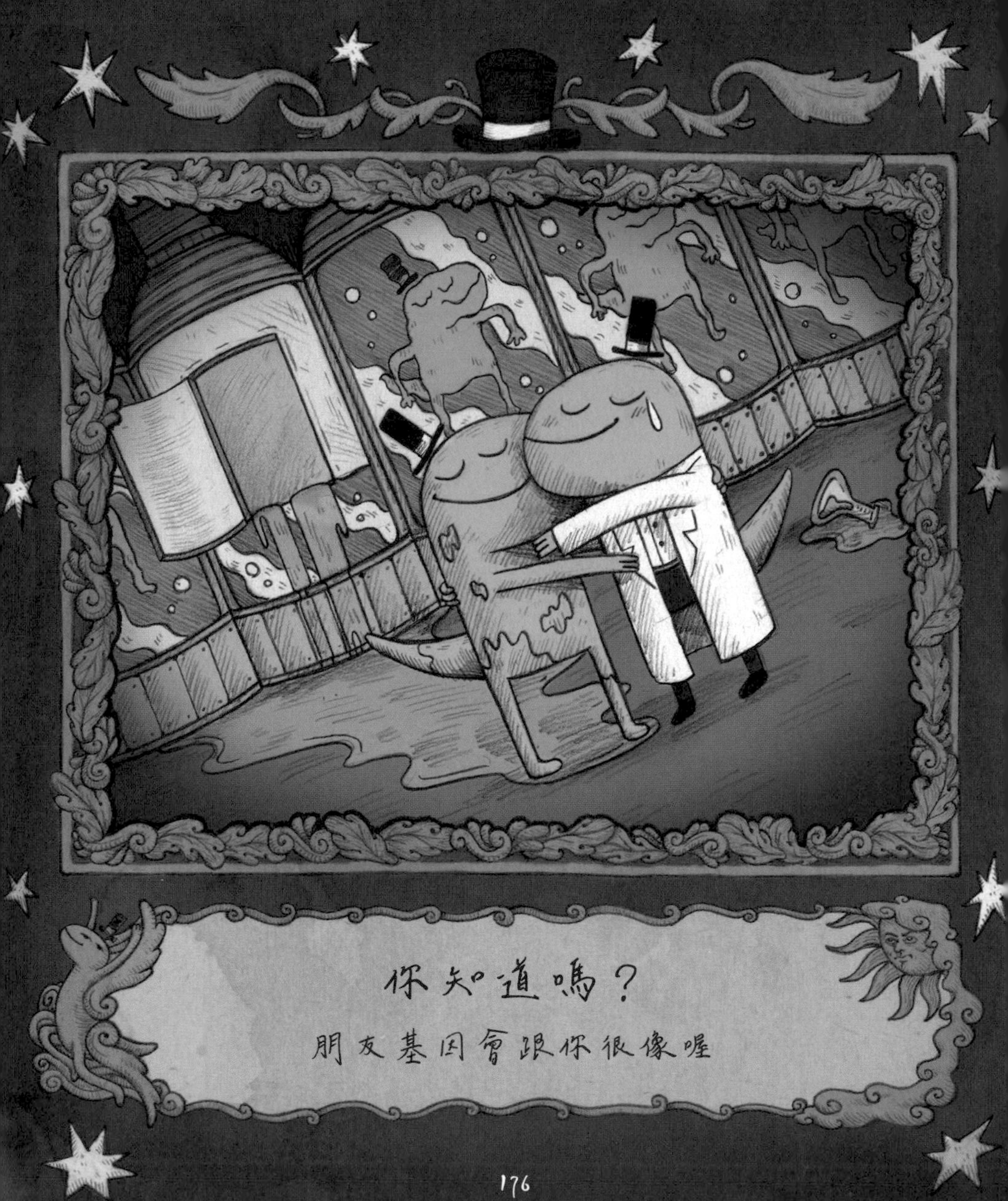
你知道嗎？
朋友基因會跟你很像喔

過去研究曾發現，人類在潛意識中，會尋找基因和自己相似的對象作為伴侶（所以夫妻臉其實是有一點科學根據的）。

在長期追蹤比對後，新的研究又進一步發現，朋友之間的基因相似程度，竟然也比隨機配對的路人還要高上不少——平均相似度約是夫妻間的三分之二。

這個現象被認為和「社會同質性」有關：具有相似特徵的人們，會形成共同的群體。而現在研究證實了這個「相似特徵」，竟然是連在基因層次上會都很相似。

至於原因究竟是為什麼，目前還沒有辦法給出確定的解答，但學者認為，這反映出基因和社會背景，在很多地方都會出現交互影響，並且左右了我們的選擇——甚至包括交朋友。

講個好理解的例子，就像是研究已經證實，不敢吃香菜，其實是基因在作怪（OR6A2 基因會讓人覺得香菜有股肥皂味）。所以如果討厭香菜的人，一起籌組一個反香菜陣線，那因為該陣線而相互認識的朋友們，自然也可以說是受到基因的影響了。

阿照這樣看來，史上最經典戀愛難題——「他是不是只把我當成普通朋友？」說不定只要驗個 DNA 就能解決了欸？

#基因顯示我們是路人以上夫妻未滿

你知道嗎？
精子和卵子碰撞瞬間會發出閃光喔

美國科學家在2017年成功觀測到，人類精卵結合的瞬間、生命誕生的剎那，真的會迸出一道神奇的火花。

這道火花，被認為是出自鋅元素爆發，這也再次證明攝取鋅有助提升精子品質，所以男生吃海鮮會不會變更生猛我無法回答，但你的精子倒是有機會變得更能打。

此外這道閃光或能協助檢測出健康的受精卵，對於提高人工受孕成功率，或是預測嬰兒存活率都可能會有幫助。

雖然所長覺得，每個人都從一瞬之光中降生這點十分浪漫，但有人硬要解讀成大家出生前，就被父母閃歪，真的又是何苦呢？

可以不要一直那麼負能量嗎？你們從誕生的那一刻就在發光發熱了阿！

你知道嗎？

我們其實都是由星塵組成的喔

從對隕石、彗星及星雲的觀察中，科學家發現，組成生命所需要的各種有機分子，其實就遍布在宇宙每個角落。

此外，組成我們身上的各種原子，包括碳、氫、氮、氧、磷和硫等等，都是在恆星的生與死之間輪迴的靈魂，它們匯流成星河、又飛散如沙塵。而包括我們人類在內的生命，就是在這漫長的飄流中，一道從有限生命裡看似偶然、在無限宇宙中卻屬必然的浮光掠影。

因此可以說，我們所有人，都是宇宙的星塵。

但當你以為宇宙的究極奧秘也不過如此時，千萬不要忘記，這也意味著所有人的內心，都潛藏了一個離散的宇宙。即便人類的眼界與足跡，不斷在突破物理疆域的限制，但對於坐落在他人內心的這個宇宙，我們恐怕窮極一世，都無法窺知一二吧。

後記

除了「所長到底是什麼生物？」怪奇事物所還有一個很常被問到的問題——「這些冷知識到底都是從哪來的？」

這兩個問題，真的都很難回答。

和第一個問題不同，第二個問題之所以難回答，不是因為我不想告訴你，而是答案實在太多了。偶然在網路上看到的一篇文章；睡前突然浮現的古怪疑問；朋友閒聊時的天外飛來一筆；看書、看電影、看動漫甚至打電動時注意到的奇妙設定……諸如此類族繁不及備載。

我相信，這本書有不少冷知識，就該領域的專家看來，可能都不值一哂：所謂的冷知識，不過是一般社會大眾沒機會接觸到、可事實上唾手可及的粗淺知識而已。

身為一位好奇心比較強的社會大眾，我確實沒想過要成為知識的代言人，而是試圖用自己的角度和風格，跟大家分享我在聽到這些有趣的事情時，心中的那股雀躍與悸動。換言之，藏在每一個「你知道嗎？」底下的潛台詞，其實是「嘿！我剛剛聽到一個好有趣的冷知識喔」。

比起講故事，我一直都更喜歡聽故事；比起一副什麼都懂的架式，我更希望所長在你心中，總擺出一個側耳傾聽的姿勢。怪奇事物所永遠會敞開大門，熱烈歡迎任何有趣的怪人怪事及冷知識！

最後想感謝那些，在怪奇事物所成立一年多以來，大力支持我們的人：黃色書刊；阿滴；每日一冷；妞新聞的各位；泛科學、臺灣吧、Hahow 好學校及圖文不符的社群夥伴；時報出版社的編輯們；有病制作的大家；蘋果日報許大哥；馬可孛羅力大哥；特別顧問 Ray；趙倩瑜；來自各行各業，曾經被我們請教過的專家們；來自各行各業，願意給我們合作機會的業者們；我們最親愛的親朋好友與所愛之人（特別是曾幫忙試閱校稿的）；還有每一位來怪奇事物所粉絲專頁按過讚留過言的所粉。

我至今仍然覺得，能出一本書，真是一件很不可思議的事，由衷謝謝你們幫助怪奇事物所完成這本書。

參考資料

第一章：

3. Matthew Gurewitsch. (2008). True Colors. *Smithsonian Magazine*. https://www.smithsonianmag.com/arts-culture/true-colors-17888/

5. John Taylor. (2015). What is a Book of the Dead?. The British Museum https://web.archive.org/web/20150417192941/ http://blog.britishmuseum.org/2010/09/22/what-is-a-book-of-the-dead/#comment-57

7. Travel-exploration.com. (n.d.). Imilchil Marriage Festival. http://www.travel-exploration.com/subpage.cfm/Imilchil_Marriage_Festival

8. Joshua J. Mark. (2017). The Battle of Pelusium: A Victory Decided by Cats. Ancient History Encyclopedia. https://www.ancient.eu/article/43/the-battle-of-pelusium-a-victory-decided-by-cats/

14. 麻瓜的語言學。2015 年 2 月。撒旦學七年也不會的孤立語言－巴斯克語。 http://uegu.blogspot.com/2015/02/blog-post_15.html
    Aitor Agirre. (n.d.). Why learn Basque?. Omniglot http://www.omniglot.com/language/articles/whylearnbasque.htm

15. Wikipedia. "Sunshower". Retrieved Oct. 27, 2018. https://en.wikipedia.org/wiki/Sunshower

第二章：

1. Patricia J. Yang. (2013). Law of Urination: all mammals empty their bladders over the same duration. ARXIV https://arxiv.org/abs/1310.3737
   New Scientist. (Oct. 2013). Universal law of urination found in mammals. https://www.newscientist.com/article/dn24425-universal-law-of-urination-found-in-mammals/#.UmKJcpRgahh

2. KevinHealy. (2013). Metabolic rate and body size are linked with perception of temporal information. *Animal Behaviour.* https://www.sciencedirect.com/science/article/pii/S0003347213003060
   Melissa Hogenboom. (2013). Slow-motion world for small animals. BBC News. https://www.bbc.co.uk/news/science-environment-24078179

3. KarenMcComb. (2009). The cry embedded within the purr. *Current Biology.* https://www.cell.com/current-biology/abstract/S0960-9822(09)01168-3
   Lynne Peeples. (2009). Manipulative meow: Cats learn to vocalize a particular sound to train their human companions. Scientific American. https://blogs.scientificamerican.com/news-blog/the-manipulative-meow-cats-learn-to-2009-07-13/

4. AlexandraHorowitz. (2009). Disambiguating the “guilty look”: Salient prompts to a familiar dog behaviour. Behavioural Processes. https://www.sciencedirect.com/science/article/pii/S0376635709001004
   Heiman Ho。2012 年 6 月。狗狗會有「罪疚感」嗎？。PanSci 泛科學。 https://pansci.asia/archives/17421

6. Amy McCready. (2017). What Sounds Do Cats Hate? AnimalWised https://www.animalwised.com/what-sounds-do-cats-hate-1512.html

7. Mixson TA, (2010). The behavior and social communication of honey bees (Apis mellifera carnica Poll.) under the influence of alcohol. Psychological Reports. https://www.ncbi.nlm.nih.gov/pubmed/20712158
   The Guardian. (Dec. 2001). One over the ape. http://archive.li/N4MVx
   Emma Young. (Sep. 2000). Boozing bees. New Scientist. https://www.newscientist.com/article/dn22-boozing-bees/

9. Vincent M. Janik. (2009). Whale song. Current Biology.
https://www.cell.com/current-biology/abstract/S0960-9822(08)01541-8
Sara Reardon. (Apr. 2011). Whale 'Pop Songs' Spread Across the Ocean. Sciencemag.org.
https://www.sciencemag.org/news/2011/04/whale-pop-songs-spread-across-ocean
Stephanie Sardelis. Why do whales sing? TED-Ed
https://www.ted.com/talks/stephanie_sardelis_why_do_whales_sing（影片）

10. Wolfram Remmers. (2016). Elephant (Loxodonta africana) footprints as habitat for aquatic macroinvertebrate communities in Kibale National Park, south - west Uganda. African Journal of Ecology.
https://onlinelibrary.wiley.com/doi/abs/10.1111/aje.12358
New Scientist. (2016). Elephants' footprints leave behind tiny oases for aquatic life.
https://www.newscientist.com/article/2103867-elephants-footprints-leave-behind-tiny-oases-for-aquatic-life/

11. Helena Williams. (2013). Three myths about elephants you probably believed, and three amazing facts you' ll be glad to know. The Independent.
https://www.independent.co.uk/voices/comment/three-myths-about-elephants-you-probably-believed-and-three-amazing-facts-you-ll-be-glad-to-know-8990796.html
Alicia Ault. (2016). Ask Smithsonian: Can Elephants Jump?. Smithsonian.com.
https://www.smithsonianmag.com/smithsonian-institution/ask-smithsonian-can-elephants-jump-180957921/

12. NCSI. (Mar. 2011). Animal-Related Deaths
http://www.ncis.org.au/publications/ncis-fact-sheets/

13. 特別感謝 Chia Ying Kao 來信投稿
Mark Bonta. (2017). Intentional Fire-Spreading by "Firehawk" Raptors in Northern Australia. Journal of Ethnobiology.
http://www.bioone.org/doi/abs/10.2993/0278-0771-37.4.700
Asher Elbein. (2018). In Australia, Arsonists May Have Wings. The New York Times.
https://www.nytimes.com/2018/02/05/science/australia-firehawks-aboriginal.html

19. Ivan D.Chase. (1988). The vacancy chain process: a new mechanism of resource distribution in animals with application to hermit crabs. Animal Behaviour
https://www.sciencedirect.com/science/article/pii/S0003347288801957
Ivan Chase. (Jun. 2012). Hermit Crabs Trade Up by Exchanging Shells in Queue. Scientific American.
https://www.scientificamerican.com/article/life-shell-game-hermit-crabs-exchange-shells/

20. Mikel M. Delgado. (2017). Caching for where and what: evidence for a mnemonic strategy in a scatter-hoarder. Royal Society Open Science.
https://www.ncbi.nlm.nih.gov/pmc/articles/PMC5627128/
Alulull。2017 年 12 月。小松鼠能记住坚果埋在哪儿吗？。果壳网。
https://www.guokr.com/article/442555/

21. Merrill Fabry. (Oct. 2017). Where Does the 'Thumbs-Up' Gesture Really Come From?. TIME.
http://time.com/4984728/thumbs-up-thumbs-down-history/

22. 特別感謝 Ho Tin Wong 來信投稿
Kenneth L. Hodges. (2016). Trial By Combat between a Man and a Woman. AEMMA.
http://www.aemma.org/onlineResources/trial_by_combat/combat_man_and_woman.htm

23. 特別感謝顏宏穎來信投稿

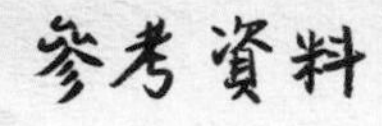

參考資料

24. Allison Meier. (Mar. 2014). Before the Garden Gnome, the Ornamental Hermit: A Real Person Paid to Dress like a Druid. Atlas Obscura.
https://www.atlasobscura.com/articles/the-history-of-hermits-in-gardens

25. Eric Grundhauser. (Aug. 2015). The Truth and Myth Behind Animal Trials in the Middle Ages. Atlas Obscura.
https://www.atlasobscura.com/articles/the-truth-and-myth-behind-animal-trials-of-the-middle-ages

第三章：

3. Wikipedia. "Killer whale attack". Retrieved May 01, 2018
https://en.wikipedia.org/wiki/Killer_whale_attack#cite_note-3_News-2

4. Mitchell AD. (1996). Body composition analysis of pigs by dual-energy x-ray absorptiometry. Journal of Animal Science.
https://www.ncbi.nlm.nih.gov/pubmed/8923180

5. M.Q. Khattab. (2015). Fibre-Optical Light Scattering Technology in Polar Bear Hair: A Re-Evaluation and New Results. Journal of Advanced Biotechnology and Bioengineering
http://synergypublishers.com/downloads/jabbv3n2a2/

6. The Guardian. (Feb. 2007). Velociraptor was just a scary turkey, say scientists.
https://www.theguardian.com/science/2007/sep/21/1

7. V. Csányi. (1989). Long-term memory and recognition of another species in the paradise fish. Animal Behavior.
https://www.sciencedirect.com/science/article/pii/0003347289901346
拟南芥。2012 年 3 月。鱼只有 7 秒记忆吗？。果壳网。
https://www.guokr.com/article/116781/

8. Columbia Magazine. (Apr. 2018). Book Excerpt: “The Rise and Fall of the Dinosaurs”.
http://magazine.columbia.edu/article/book-excerpt-rise-and-fall-dinosaurs

9. Maria E. McNamara. (2018). Fossilized skin reveals coevolution with feathers and metabolism in feathered dinosaurs and early birds. Nature Communications.
https://www.nature.com/articles/s41467-018-04443-x
Neel V. Patel. (May 2018). Scientists just discovered 125 million-year-old dinosaur dandruff. Popular Science.
https://www.popsci.com/dinosaur-dandruff#page-3

10. 特別感謝每日一冷提供的參考素材。
K. Rodahl. (1943). The vitamin A content and toxicity of bear and seal liver. Biochemical Journal.
https://www.ncbi.nlm.nih.gov/pmc/articles/PMC1257872/?page=1
Robert Lamb. (Jul. 2009). Will I die if I eat polar bear liver?. HowStuffWorks.com.
https://animals.howstuffworks.com/mammals/eat-polar-bear-liver1.htm
Mr. Namaste。2018 年 1 月。哈士奇的肝臟最好不要吃！。每日一冷。
http://www.dailycold.tw/16475/donteathuskyliver/

11. J. Lee Kavanau. (1967). Behavior of Captive White-Footed Mice. Science.
http://science.sciencemag.org/content/155/3770/1623
Johanna H. Meijer. (2014). Wheel running in the wild. Proceedings of the Royal Society of London B.
http://rspb.royalsocietypublishing.org/content/281/1786/20140210
The Guardian. (May. 2014). Wild mice actually enjoy running on exercise wheels.
https://www.theguardian.com/science/grrlscientist/2014/may/21/wild-mice-exercise-wheels-behaviour-stereotypy-neurosis

12. BBC One. (2014). Dolphins - Spy in the Pod: Episode 2.
https://www.youtube.com/watch?v=msx3BAhIeQg（影片）
Christie Wilcox. (2013). Do Stoned Dolphins Give 'Puff Puff Pass' A Whole New Meaning?. Discovermagazine.com
http://blogs.discovermagazine.com/science-sushi/2013/12/30/stoned-dolphins-give-puff-puff-pass-whole-new-meaning/#.W64172gzbIX

13. Michelle Nijhuisaug. (Aug. 2008). Friend or Foe? Crows Never Forget a Face, It Seems. The New York Times.
https://www.nytimes.com/2008/08/26/science/26crow.html
法蘭斯・德瓦爾。2017 年 11 月。《你不知道我們有多聰明：動物思考的時候，人類能學到什麼？》。馬可孛羅。

14. Katherine Harmon Courage. (Feb. 2015). How male octopuses avoid being eaten by hungry females. BBC Earth.
http://www.bbc.com/earth/story/20150223-mysteries-of-cannibal-octopus-sex

15. Elizabeth Pennisi. (Sep. 2012). Adult Killer Whales Need Their Mamas. Sciencemag.org.
http://www.sciencemag.org/news/2012/09/adult-killer-whales-need-their-mamas
Peggy Sha。2017 年 2 月。虎鯨也有更年期？停經原因讓人大喊：世上只有媽媽好！。PanSci 泛科學。
https://pansci.asia/archives/114340

16. Ted Thornhill. (Apr. 2015). Dam it! Beaver squashed to death by falling tree it had been gnawing on. Daily Mail.
https://www.dailymail.co.uk/news/article-3041930/Dam-Beaver-squashed-death-falling-tree-gnawing-on.html

17. Christie Wilcox. (Aug. 2016). How a Wasp Turns Cockroaches into Zombies. Scientific American.
https://www.scientificamerican.com/article/how-a-wasp-turns-cockroaches-into-zombies/

18. Bubier NE. (1998). Courtship behaviour of ostriches (Struthio camelus) towards humans under farming conditions in Britain. British Poultry Science.
https://www.ncbi.nlm.nih.gov/pubmed/9800029
BBC News. (Mar. 2003). Ostriches 'flirt with farmers'.
http://news.bbc.co.uk/2/hi/uk_news/scotland/2834025.stm

19. Reena H. Walker. (Sep. 2017). Sneeze to leave: African wild dogs (Lycaon pictus) use variable quorum thresholds facilitated by sneezes in collective decisions. Proceedings of the Royal Society of London B.
http://rspb.royalsocietypublishing.org/content/284/1862/20170347.article-info
James Gorman. (Sep. 2017). Wild Dogs Sneeze When They Are Ready to Hunt. The New York Times.
https://www.nytimes.com/2017/09/06/science/wild-dogs-sneeze-hunt.html?_r=0

20. Caitlin Schneider. (Apr. 2015). 11 Fierce Facts About the Honey Badger. Mental Floss.
http://mentalfloss.com/article/63407/11-fierce-facts-about-honey-badger

21. Roni Dengler. (Dec. 2017). Ancient penguins may have weighed more than 100 kilograms, been as tall as a human. Sciencemag.org.
http://www.sciencemag.org/news/2017/12/ancient-penguins-may-have-weighed-more-100-kilograms-been-tall-human
林子揚。2017 年 12 月。比人還要大隻的遠古巨企鵝 Kumimanu。PanSci 泛科學。
https://pansci.asia/archives/flash/131626

22. 感謝 Beginneros 提供的參考素材：
https://www.facebook.com/beginneros/photos/a.1181680988529730/1940421599322328/?type=3&theater
Michele Debczak. (Oct. 2017). The Reason You Almost Never See Purple on National Flags. Mental Floss.
http://mentalfloss.com/article/510177/reason-you-almost-never-see-purple-national-flags

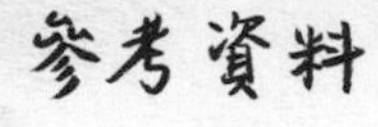

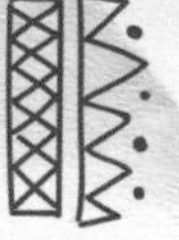

23. FINA. (Sep. 2017). Interpretation FINA Swimming Rules
https://www.fina.org/sites/default/files/2017_2021_swimming_12092017_ok_0.pdf

24. 特別感謝 Rockie Lin 來信投稿
跟著鄭大師玩科學。2015 年 4 月。為什麼果樹要嫁接？。
http://www.masters.tw/23942/%E7%82%BA%E4%BB%80%E9%BA%BC%E6%9E%9C%E6%A8%B9%E8%A6%81%E5%AB%81%E6%8E%A5

25. 特別感謝張瑞予提供靈感
Danielle Demetriou. (Oct. 2008). World's first blue roses after 20 years of research. The Telegraph.
https://www.telegraph.co.uk/news/worldnews/asia/japan/3329213/Worlds-first-blue-roses-after-20-years-of-research.html

第四章：

1. Carl Bialik. (Nov. 2007). Sorry, You May Have Gone Over Your Limit Of Network Friends. The Wall Street Journal.
https://www.wsj.com/articles/SB119518271549595364

2. National Public Radio: Skunk Bear. (Jan. 2018). Your Body's Real Age.
https://www.youtube.com/watch?v=Nwfg157hejM（影片）

3. Chen-Bo Zhong. (2008). Cold and lonely: does social exclusion literally feel cold? Psychol Sci.
https://www.ncbi.nlm.nih.gov/pmc/articles/pmid/18947346/citedby/?tool=pubmed
Hansl Jzerman. (2012). Cold-blooded loneliness: Social exclusion leads to lower skin temperatures. Acta Psychologica.
https://www.sciencedirect.com/science/article/pii/S000169181200073X
BBC News. (Sep. 2008). Loneliness 'makes you cold.
http://news.bbc.co.uk/2/hi/health/7635423.stm

4. Ethan Kross. (2011). Social rejection shares somatosensory representations with physical pain. Proceedings of the National Academy of Sciences.
http://www.pnas.org/content/108/15/6270.full
tinablahblah。2017 年 8 月。心痛是哭夭還是真的痛？關於心痛的二三事。PanSci 泛科學。
https://pansci.asia/archives/124131

5. Melissa Dahl. (Feb. 2018). How to Use Awkward Silence to Get What You Want. TIME.
http://time.com/5161423/melissa-dahl-awkward-silence-salaray-negotiation/
Lennox Morrison. (Jul. 2017). The subtle power of uncomfortable silences. BBC.
http://www.bbc.com/capital/story/20170718-the-subtle-power-of-uncomfortable-silences

6. Steffie N. Tomson. (Sep. 2018). The Genetics of Colored Sequence Synesthesia: Suggestive Evidence of Linkage to 16q and Genetic Heterogeneity for the Condition. Behavioural brain.
https://www.ncbi.nlm.nih.gov/pmc/articles/PMC4075137/
Julian E. Asher. (2009). A Whole-Genome Scan and Fine-Mapping Linkage Study of Auditory-Visual Synesthesia Reveals Evidence of Linkage to Chromosomes. American Journal of Human Genetics.
https://www.ncbi.nlm.nih.gov/pmc/articles/PMC2668015/
Elizabeth Landau. (Feb. 2009). Seeing color in sounds has genetic link. CNN.
http://edition.cnn.com/2009/HEALTH/02/09/synesthesia.genes/index.html

7. Dacher Keltner. (Oct. 2016). Don' t Let Power Corrupt You. Harvard Business Review.
https://hbr.org/2016/10/dont-let-power-corrupt-you?referral=00134
The Guardian. (May. 2016). The Power Paradox by Dacher Keltner review – how success triggers self-absorption.
https://www.theguardian.com/books/2016/may/18/the-power-paradox-how-we-gain-and-lose-influence-dacher-keltner-review

8. Christopher K. Hsee. (2016). The Pandora Effect: The Power and Peril of Curiosity. Psychological Science.
http://journals.sagepub.com/doi/abs/10.1177/0956797616631733
Roni Jacobson. (Jul. 2016). Curiosity Is Not Intrinsically Good. Scientific American.
https://www.scientificamerican.com/article/curiosity-is-not-intrinsically-good/

9. Ying He. (2009). The Transcriptional Repressor DEC2 Regulates Sleep Length in Mammals. Science.
https://www.ncbi.nlm.nih.gov/pmc/articles/PMC2884988/
Allebrandt KV. (2013). A K(ATP) channel gene effect on sleep duration: from genome-wide association studies to function in Drosophila. Molecular Psychiatry.
https://www.ncbi.nlm.nih.gov/pubmed/22105623
Helen Thomson. (Jul. 2015). The people who need very little sleep. BBC.
http://www.bbc.com/future/story/20150706-the-woman-who-barely-sleeps

10. Amanda K.E. Hornsby. (2016). Short-term calorie restriction enhances adult hippocampal neurogenesis and remote fear memory in a Ghsr-dependent manner. Psychoneuroendocrinology.
https://www.ncbi.nlm.nih.gov/pmc/articles/PMC4686051/
Yukinori Hirano. (2013). Hunger and memory; CRTC coordinates long-term memory with the physiological state, hunger. Communicative & Integrative Biology.
https://www.ncbi.nlm.nih.gov/pmc/articles/PMC3829949/
Christopher Shea. (Dec. 2006). Empty-Stomach Intelligence. The New York Times.
https://www.nytimes.com/2006/12/10/magazine/10section1C.t-1.html

11. Helen E. Fisher. (2010). Reward, Addiction, and Emotion Regulation Systems Associated With Rejection in Love. Journal of Neurophysiology.
https://www.ncbi.nlm.nih.gov/pubmed/20445032
Jordan Gaines Lewis. (Aug. 2015). Aa Aa Aa This is your Brain on Break-ups. Nature.
https://www.nature.com/scitable/blog/mind-read/this_is_your_brain_on_228416
Forbes. (Oct. 2016). Is Love Possible Without Serotonin, Oxytocin And Dopamine?
https://www.forbes.com/sites/quora/2016/10/27/is-love-possible-without-serotonin-oxytocin-and-dopamine/#3ff148c57d00
BBC News. (Nov. 2005). Romantic love 'lasts just a year'. http://news.bbc.co.uk/2/hi/health/4478040.stm

12. Rachel Hosie. (Mar. 2017). People Think They're Nicer Than They Actually Are, Study Finds. The Independent.
https://www.independent.co.uk/life-style/people-think-nicer-reality-self-image-see-yourself-goldsmiths-university-monarch-a7627161.html

13. Benjamin W. Domingue. (2018). The social genome of friends and schoolmates in the National Longitudinal Study of Adolescent to Adult Health. Proceedings of the National Academy of Sciences.
http://www.pnas.org/content/early/2018/01/08/1711803115.full
Jamie Ducharme. (2018). Friends Are More Similar Genetically Than Strangers, Study Says. TIME.
http://time.com/5095903/genetic-similarities-friends-study/

14. Zhang N. (2016). The fertilization-induced zinc spark is a novel biomarker of mouse embryo quality and early development. Scientific Reports. https://www.ncbi.nlm.nih.gov/pmc/articles/PMC4796984/

15. Elizabeth Howell. (Jan. 2017). Humans Really Are Made of Stardust, and a New Study Proves It. Space.com.
https://www.space.com/35276-humans-made-of-stardust-galaxy-life-elements.html
SDSS. (Jan. 2017). The Elements of Life Mapped Across the Milky Way by SDSS/APOGEE.
https://www.sdss.org/press-releases/the-elements-of-life-mapped-across-the-milky-way-by-sdssapogee/

怪奇事物所：你知道嗎？其實我們都很怪

作者— 怪奇事物所 所長
美術設計— 張巖
主編— 楊淑媚
校對— 怪奇事物所 所長、楊淑媚
行銷企劃— 王聖惠

總編輯— 梁芳春
董事長— 趙政岷
出版者— 時報文化出版企業股份有限公司
108019 台北市和平西路三段二四〇號七樓
發行專線—（02）2306—6842
讀者服務專線— 0800—231—705、（02）2304—7103
讀者服務傳真—（02）2304—6858
郵撥— 19344724 時報文化出版公司
信箱— 10899 臺北華江橋郵局第 99 信箱
時報悅讀網— http://www.readingtimes.com.tw
電子郵件信箱— yoho@readingtimes.com.tw
法律顧問— 理律法律事務所　陳長文律師、李念祖律師
印刷— 勁達印刷有限公司
初版一刷— 2018 年 10 月 19 日
初版三十刷— 2024 年 7 月 19 日
定價— 新台幣 360 元

怪奇事物所：你知道嗎？其實我們都很怪 / 怪奇事物所所長作 .
-- 初版 . -- 臺北市：時報文化 , 2018.10　面；　公分
ISBN 978-957-13-7576-2(精裝)
1. 常識手冊
046　　　　107017047

時報文化出版公司成立於一九七五年，並於一九九九年股票上櫃公開發行，
於二〇〇八年脫離中時集團非屬旺中，以「尊重智慧與創意的文化事業」為信念。